# 高中语文教学模式与读写教学策略研究

邰金涛　刘付淼　于文卓◎著

吉林文史出版社

**图书在版编目(CIP)数据**

高中语文教学模式与读写教学策略研究 / 邰金涛,
刘付淼,于文卓著. -- 长春 : 吉林文史出版社,2024.1
ISBN 978-7-5752-0032-5

Ⅰ. ①高… Ⅱ. ①邰… ②刘… ③于… Ⅲ. ①中学语
文课－教学研究－高中 Ⅳ. ①G633.302

中国国家版本馆CIP数据核字(2024)第016807号

GAOZHONG YUWEN JIAOXUE MOSHI YU DUXIE JIAOXUE CELUE YANJIU

书　　名　高中语文教学模式与读写教学策略研究
著　　者　邰金涛　刘付淼　于文卓
责任编辑　陈　昊
出版发行　吉林文史出版社有限责任公司
地　　址　长春市福祉大路 5788号
印　　刷　北京四海锦诚印刷技术有限公司
开　　本　787mm×1092mm 1/16
印　　张　11.25
字　　数　213千字
版次印次　2024年1月第1版　 2024年1月第1次印刷
定　　价　52.00 元
书　　号　ISBN 978-7-5752-0032-5

# 前　言

随着我国教育改革的不断深入，高中语文教学改革进程也在不断加速中。素质教育的提出，促使了全新的素质教育、全面人才、以人为本等教育价值理念的形成。高中语文教学作为我国高中教学中的重要组成部分，是教学的重点科目，在人才培养中发挥着重要作用。多元化现代教育理念的渗透，加速了我国高中语文教学模式的转变，直接推动了高中语文教学内容的整合，作为高中语文教学的重要组成部分，读写教学的内容也随之发生了很大改变。改革的思想和内容在新的教材中表现得淋漓尽致，使得高中语文教学需要改变教学策略。这些变化从根本上改变了我国传统的教学模式，逐渐向以学生为主和促进学生全面发展转变。

基于此，本书以"高中语文教学模式与读写教学策略"为题，具体探讨高中语文教学的理论、高中语文教学中的方法、高中语文教学的多元模式构建、高中语文读写教学及其素养培养、高中语文读写教学及其有效设计、高中语文读写教学策略及其实施等内容。

本书是在综合运用学校教育学、课程论、教学论、语文教学法等学科的一般原理和教育科学研究的新成果，并结合高中语文课程改革和高中语文教学实践经验的基础上撰写的。本书从高中语文教学的概念出发，对高中语文读写教学模式的构建和实施过程进行了详细论述，同时结合语文课程改革所倡导的自主、合作、探究的学习方式做进一步阐述，最后探讨在培养学生语文素养的基础上构建语文读写一体化的教学体系，以期提升高中语文教师的语文课程与教学理论水平和语文教育教学基本技能，提升学生的读写能力及语文素养。

本书在写作的过程中，参阅了大量相关资料和文献，同时为了保证论述的全面性与合理性，引用了许多专家、学者的观点，在此谨表示最诚挚的谢意。由于作者写作水平有限，书中不免存在遗漏之处，恳请广大读者不吝指正。

作　者

2023 年 5 月

# 目　录

## 第一篇　高中语文教学及其模式构建

# 第二篇　高中语文读写教学及其策略研究

# 第一篇　高中语文教学及其模式构建

# 第一章　高中语文教学的理论审视

## 第一节　高中语文教学的内涵与有效性

### 一、高中语文教学的内涵解读

#### （一）高中语文教学的价值

**1. 个体价值**

（1）提升学生的人文素质

人文指的是社会人伦，具体表现是尊重、关心和爱护他人。学校的教育目标不应该局限于培养各个专业的精英，而应该是将学校的学生培养成高水准、高素质的和谐型人才。语文课程对学生人文素质的提升具有深远的影响，因为语文本身具有丰富的文化底蕴和人文内涵，学生人文素养的培育正需要这种正能量的渗透。

第一，学生道德水平提高。学校教育的初衷是发扬高尚的品德，不断创新。学校设立的课程都是具有专业性的，但共性是为了对学生进行道德素质教育。语文课程在道德教育中具有独特的先天条件，具有教学形式多样化、教学内容丰富的特点。教育过程中对教材的选取是经过深思熟虑的，所有选定的作品都蕴含着文学大家的正确观念。无论是先秦的诸子散文、明清小说，还是现代时期新创作的作品，都是中华民族的美好道德和民族精神凝聚成的无形财富。通过对语文课程的系统化学习，学生的精神世界被净化，道德素养被提升，并在长期潜移默化的指引和激励的作用下最终实现了道德品质更高层次的升华。

第二，学生审美水准提升。文学作品自身具有美学价值，而学生在学习过程中除了学习科学文化知识，还应该具备各种各样的能力，其中包括鉴别美好事物的能力，所以要开设语文课程。语文课程对学生的审美教育，主要是借助学习欣赏文学作品的手段来培养的。文学欣赏是指阅读文学作品时的审美享受，这个过程经历了认知、感受、想象和回味等一系列心理活动。在文学欣赏的过程中，学生不仅可以开阔眼界，更深刻地了解人们生活的世界，还可以享受美丽，从而放空心灵，陶冶情操。散文、诗词、戏剧和小说等文学体裁都是由美丽的语言串联起来的。这些美丽的语言刻画了美好的人物形象，塑造出了美好的景象，美丽的大千世界就这样静悄悄地被送到眼前，为人们呈现出一个美丽缤纷的世界。

第三，学生心理素质增强。无论是学习、生活还是工作，学生在各个方面都承受着巨大的压力。学校教育之所以坚持开设语文课程，是因为语文课程不但给学生传递知识，而且影响学生精神和品格的形成。语文教材收录的是古今中外的文学著作，其中蕴含的哲理内涵是值得细细推敲、认真学习的，能够入情入理地对学生的心理素质产生积极影响。

（2）培养学生的思维能力

第一，培养学生的批判性思维能力。每部文学作品的问世都是经历了作者上百次斟酌修改的，在不同程度上反映了当时的社会背景和作者的思想境界，甚至其中有一部分蕴含着比较犀利的批判性观点。

第二，培养学生的创新思维的能力。目前是经济文化快速发展的时代，文学作品的背后是创作者的头脑风暴，文学创作需要有创新意识，创新意识是创新能力产生的前提和基础。

学生是建设祖国的新生力量，他们思维活跃，对世界充满好奇心，接受新鲜事物的能力比较强。少年强，则国强。学生有创造力，则国家有创造力，学生的创新意识、创新能力的高低直接或间接地影响着祖国的未来。

学生在阅读过程中应该插上想象的翅膀，发挥丰富的想象力，把文学作品中描绘的内容和现实相结合，转化成自己需要的知识储备。这个过程除了有利于收获知识，还有利于培养和提高学生的创新意识和创造力。

**2. 社会价值**

（1）文化价值。中国传统文化博大精深、兼容并蓄，其中大部分的优秀传统文化一直流传至今。语文的教学内容以历代名篇佳作为主，是从传统文化宝库中挑选的精品。作品中有对正直和善良的赞扬，也有对虚伪和丑恶的批判。总而言之，通过语文课程的学习，学生可以了解中华民族的传统文化知识，接受传统美德的精神洗礼。最重要的一点是思想境界被打开，可以用发展的、辩证统一的眼光看待历史和世界，在学习中将优秀传统传承下去。

（2）经济价值。语文课程的经济价值主要是指：语文课程对人和社会发展具有的经济意义，社会经济的发展受到语文课程的促进作用，但是语文课程需要劳动者作为媒介载体来实现对社会经济的间接作用。经济发展的主体是人，开设语文课程也是为了谋求人的发展，人在取得一定发展成果后可以通过经济活动创造出经济价值。

### 3．生态价值

随着全球环境的不断恶化，人类才意识到保护生态环境的重要性。语文课程是专门提高人们文化素质的课程，课程的教育理念和生态文明建设的理念相统一，可以教导学生从现实生活做起，爱护环境。不仅如此，语文课程也可以帮助学生认识到大自然的神秘力量，认识到保护生态的重要性，激发学生正确的生态意识和对自然界的热爱，并通过其独特的教学方法和教学内容，引导学生把对大自然的尊重和热爱，间接转化为自己的生态观念，并且与自己的价值观相互作用、相互影响，最终体现在行动上，使学生积极参与到保护生态环境的行动中。

## （二）高中语文课程的目标

在探讨课程目标及语文课程目标前，需要先明确一下"课程"与"语文课程"的相关概念，因为对这两者概念上的把握直接影响对目标的正确理解。新课程理念与新课标获得推行，广大教师对"课程"才有所了解。但仍有教师对课程持模糊的观念，有的将课程等同于"教学过程"或"教材"，有的把课程与"课"或"学科"混淆。人们常说的教学计划、课程标准（教学大纲）、教科书是属于"课"或"学科"的，不是完整的课程概念。这样的情形严重影响了对语文课程及语文课程目标的解读。为此，我们给课程重新定义如下："课程是根据一定的教育政策、教育方针，遵循一定的教育规律，为实现一定的教育目的而在具体的教育过程中形成的复杂的教学构架；在这个构架中各节点可以视作一门门具体的科学与一项项具体的活动，节点与节点的连线可视作经验通道与学习进程。"①

### 1．课程目标的主要内容

课程目标是一个相对宏观的概念，是课程本身要实现的制度化的具体要求。课程目标对课程编制、教学目标的制定有重要的指导价值，是课程内容设计、课程实施、课程评价的重要依据。

语文课程目标是课程目标在语文课程中的具体体现，或者说是语文课程的具体要求；我们也可以认为语文课程目标就是语文教学中学习主体的学习需要的体现。

### 2．课程目标的具体特性

（1）语文课程目标的长效性。语文课程目标从宏观上为语文教学确立了大的方向，统

---

① 张先亮. 高中语文教学质量目标设定与标准监控研究［M］. 北京：语文出版社，2012：63.

率语文学科教学的整体，其效用需要通过较长的时间来体现。

（2）强调课程的整合，注重整体性和综合性。在突出整体性的同时又有所侧重，体现一定的层次性和过程性。

（3）体现学生学习的主体性和自主性。学生是学习的主人，一切为了学生的发展。这就要求教师对课堂上的角色转变要有充分的准备，并在教学过程中，真正由传授者转变为共同学习者、共同参与者。学生也由被动转为主动，积极思考，学会学习，并反过来促进教师共同进步。

## （三）高中语文教学的原则

课堂教学管理有其内在的机制与规律，要有效实现语文教学管理的目标，就必须遵循课堂教学管理的原则。高中语文教学原则不仅与课堂教学管理目标有关，而且与课堂系统的特征直接相关。

### 1. 系统性原则

课堂系统是由内在联系的特定要素构成的有机统一的整体。把课堂视为一个系统，其构成因素是较为复杂的，既有物质的，也有非物质的即精神或是心理上的；既有有形的，也有无形的。这样一个多因素构成的系统，只有在各因素协调一致时，课堂才会产生根本作用。因此，教师作为课堂教学的管理者，应具备全局观念，从系统整体对课堂系统的各个方面进行规划与调整，以便把各种因素有机地协调为一个整体，发挥更有效的功能。出现课堂问题时，要从课堂的整体来分析与把握，从问题与环境，时间、空间与场合，得与失，利与害，个人与集体，历史、现实与未来，自我与非我等多方面的关系中形成一个全面而正确的认识。

### 2. 自组织原则

自组织现象，是指自然或客观事物本身自主地组织化、有序化的过程。对于组织的认识需要我们一开始就假定教师、学生、课程和原料一道进入的是一个全新的场景。对教师而言，语文教学管理的目标是通过怎样的方法使学生能养成自我管理的好习惯，教师并不是在"转让"知识或技巧给学生，而是努力想让学生进入自己的世界，让自己进入学生的世界，因而和学生共享一个世界。

课堂的进展过程实际上就是在寻求新的信息，不断从事与创造有意义的对话，不断实现新的连接的过程。这种过程本身是自然发展的。但在传统的语文教学管理中，教师常常根据自己的判断试图给课堂加上一些人为的框架，于是课堂并不能很好地与之对应，而必须经常加以限制直至他能管理这些框架，因而在课堂教学管理中容易出现单向的专断性控制。在这种情况下，教师实际上是很难对课堂本身进行管理的。课堂作为一个开放的系统将由于对组织的充分重视或自组织作用的充分发挥而趋向自我完善。

### 3. 激励性原则

激励性原则就是在高中语文教学时，通过各种有效手段，最大限度地激发学生内在的学习积极性和求知热情。贯彻激励原则，要求教师在课堂上努力营造和谐的教学气氛，营造有利于学生思维、有利于教学顺利进行的民主氛围，而不是把学生课堂上的紧张与畏缩看作是教师管理能力强的表现。

语文教学的任务之一是培养良好的课堂集体和学生课堂行为，但这并不是一蹴而就的事情，需要长期培育，而最好的方法就是通过不断的鼓励和强化手段，激励学生进步，满足学生的心理需求，营造积极向上的课堂氛围。为此，在语文教学管理中，教师需要做到以下四方面：

第一，要鼓励和提倡积极的个人行为。如刻苦学习、遵守课堂纪律、尊敬师长、互帮互助等，对在这些方面有突出表现的学生应及时给予表扬，因为教师的表扬是对学生行为的肯定，这样，学生就会受到鼓舞，进而增强信心。

第二，要用发展的眼光对待每一位学生。现代心理学认为，学生是发展中的人，其生理、心理、知识、能力、自律等都处在发展之中，处于不成熟、不完善的状态，每个学生不论其目前的状况如何，都存在着发展的潜能。教育的责任就在于使学生的潜在可能性向现实可能性发展。因此，教师应该时刻用发展的眼光期待学生，尤其是曾有课堂不良行为的学生，要充分相信他们经过教育培养都能成人成才。

第三，要随时关注学生积极的变化，细心发现学生在原有基础上的每一点滴进步，不失时机地给予赞赏，让每个学生都能感受到成功的喜悦，都能收获管理其能力的成功体验。

第四，对学生的不良课堂行为要宽容，并且进行正确引导，促使其自我克服、自我矫正、自我完善。现代课堂管理理论研究表明，教师对课堂的最大影响就是对学生发展的激励。激励是有效的语文课堂教学的核心。

### (四) 高中语文教学的作用

### 1. 高中语文是提升教学质量的重要因素

课堂教学一定要有计划、有规律地开展，所以课堂活动需要遵守秩序和规定，但是课堂并不是一成不变的，经常会有各种突发的问题，也可能会产生矛盾，因此，为了保持正常的课堂秩序，教师要及时排除可能干扰教学活动的因素，保证教学活动能够正常有序地开展。规定和秩序对于教学活动来讲是至关重要的，有经验的教师非常注重教学过程的管理，只有做好教学管理才能实现语文教学效果的提升，而且教学管理能够保证教学氛围的和谐融洽，也能够让师生处于和谐的氛围中，进而保证教学任务的有效完成。

### 2. 高中语文有利于促进课堂教学的生长

课堂教学活动的最终目的是促进师生共同发展。"教学相长"在今天看来，其含义就是指教师与学生的相互影响和相互作用会促进彼此的进步。二者的进步当然离不开良好的课堂教学环境，只有课堂在生长，课堂中的人才能得到生长。课堂的生长是课堂中的人生长的前提，同时，课堂的生长又为人的生长创造了条件。促进课堂的生长，增强语文教学管理的指向性功能，也是语文教学管理的基本目标。语文教学管理就是要调动各种可能的因素，开掘课堂的活力，发挥其生长功能。如果失去了这一生长功能，课堂气氛就会变得单调，课堂缺乏应有的活力，从而也无法促进人的发展。

### （五）高中语文课堂教学的类型

长期以来，人们进行了多种多样的语文教学实践，总结了丰富多样的课堂管理经验。在高中语文教学中较为典型的课堂有以下类型：

### 1. 教导型

教导型的课堂模式指出，在课堂教学中认真地设计、仔细地实施教学步骤能够解决很多课堂中出现的问题。对课堂进行有效的管理必然能够带来教学效果的提高，所以教师要认真教学，教学内容要与学生的需求相吻合，让每一个学生都能够获得他需要的知识，培养学生的学习兴趣，保护学生的学习积极性。教导型的课堂认为，教师的指导是非常重要的，如果教师能够对教学过程、学生发展做出积极而正确的指导，那么将非常有利于学生的成长。

### 2. 民主型

在民主型教学模式中，教师能够用积极的教学态度认真严谨地对待教学活动，与此同时，教师还能对学生的学习进行适当的引导。这种教学模式下的语文教师既让人感到亲近又让人由衷地尊敬，而且学生也能够更加主动、更加愉快地学习，整体的教学效率会有显著提高。

### 3. 情感型

对学生进行爱的关怀、爱的教育可以实现教学的不管而管。如果语文教师在走进课堂的时候就满怀着对学生的喜爱、对学生的关怀，表情中自然地流露出亲切的爱意，教学中使用的语言和动作都是亲和的，并且经常表扬学生的进步，发自内心地对学生的优点进行赞扬，那么学生将会受到特别大的情感激发，学生学习的积极性将会得到前所未有的提高。例如，在快要下课的时候，有的学生不自觉地做了一些小动作，教师对这样的行为只是发出了轻微的"嗯哼"作为提醒，当学生注意到教师的关注之后，教师回以会心的微笑，这会使学生感到羞愧，从而非常专心地听课。分析情感型的教学模式，我们会发现并没有各种值得探讨的技术或技巧，但是这种教学模式又有其明显的特征，学生和教师之间始终有亲切的、温暖的情感传递，无论是教师对待学生还是学生对待教师，都是从亲切、关怀的角度出发，这对语文教学来讲是非常强大的推动力，既能够激发教师的教学热情，也能够提高学生的学习兴趣，对于学生的成长来说是非常有益的。

### 4. 兴趣型

兴趣型课堂指的是教师能够在教学过程中加入艺术化的教学方法，能激发学生的兴趣，并且能陶冶学生的情操。艺术性的教学方法主要指的是教师在上课过程中使用生动的语言、形象的姿态，书写优美整齐的板书，掌控灵活变化的教学节奏，让学生在欢乐的过程中学习知识。由此可见，这种教学模式让教学富有美感，让学生可以体会到教学的美，在这种教学模式中，教师可以通过故事、视频或者有趣的例子引出教学内容，吸引学生的兴趣，然后在后续的教学中使用非常灵活的教学方法启发学生，把学生吸引到教学过程中来，进而实现语文教学的目的。

### 5. 群体型

这种教学模式建立的基础是社会心理学、社会群体动力学，并且依靠这两种学科理论展开管理和教学。理论认为学校教育是一种特殊的群体教学，环境也是特殊的，教师要和学生之间建立有效的积极的关系。这种理论认为课堂群体属于社会系统的一种，并且具备社会系统的特征，课堂群体的建设和管理应该符合社会群体的一些特定条件，教师要做的就是建立和维持社会群体运行需要的条件。群体性教学管理主要强调领导行为、课堂内聚、人际期望以及真诚接纳四个方面的内容。

## 二、高中语文教学的有效性提升

随着国际国内发展形势的快速更迭，深化课程改革成为我国教育发展的必然之路，摒弃传统课堂"教师讲，学生听"这一僵化的教学模式，广泛应用"少教多学"这一教学理念，让学生成为课堂的主导者并掌握学习的主动权。例如，教授同一篇文言文课文，教师在传统的课堂上只是带领学生逐字逐句进行通篇讲解，而在教育改革背景下的课堂上，学生可以开展辩论、展示等活动，对教师课前针对课文提出的问题做出解答，发表自己的感想，并提出新的问题。这一模式相比于前者，能够不断发掘学生的潜能，使学生实现自主学习、探索式学习和终身学习。

## （一）创设有效情境，营造宽松氛围

当前社会发展的特点和时代人才培养的需要，要求高中语文教学必须以新的面貌、新的姿态来面对新的挑战。从课堂教学模式层面看，传统的教学方法主要是讲授法，虽然这种模式能够有效地进行整体教学，但是由于学生只是被动地接受知识，会导致教师忽视学生之间的个体差异，不利于培养学生的创新能力和学习能力。在新课程改革的倡导下，教师要转变教学模式，通过教学内容为学生创建有效情境，丰富课堂活动，让学生掌握课堂的主动权，敢于提出新问题、新想法，将语文知识和实践有效地结合起来，让语文教学展现其真正的生命活力。

## （二）引导学生对自主、合作深入探究

学生针对问题和知识进行深入探究，一方面离不开学生的主观能动性的发挥；另一方面，学生之间、学习小组之间合作交流也非常重要，这种沟通能够让学生认识到自己的不足，发现其他同学身上的闪光点，从而互相学习，互相监督，实现共同进步。以语文作文教学为例，传统的教学模式是将语文作文的相关知识分散成一个个的考点，逐一借助案例进行讲解，这种程序化和格式化的教学模式会使学生失去阅读的兴趣，感受不到写作的乐趣。而如果教师让同学们互相点评各自的作文，交流各自的阅读感受，针对作文中存在的问题提出对应的解决方案，不仅可以活跃课堂气氛，增加学生的课堂参与度，还可以提高学习效率，高效利用简短的课堂时间。

## （三）以问题为纽带，引导学生创新

创新能力不是简单通过学习课本上的知识就能获得的，而是一种需要在教师的正确引导下经过长时间训练、培养才能形成的能力，因此，教师在培养学生创新能力和探究能力时，要重视以下要点：一是注重培养学生的主动意识，教师通过设置既囊括课本知识、又能激发学生主动进行思考行为的问题，逐步引导学生充分发挥主观能动性，开阔思路，掌握分析问题和解决问题的方式方法；二是重视教学过程中引导学生行为活动的功能作用，在教学活动和与学生的日常交流中，教师要向学生传达创新能力对于个人和社会发展的重

要作用，引导和鼓励学生在学习实践中不断创新，提出新问题、新想法；三是重视教学评价的功能作用，教师要及时对学生的创新思想和相关的行为活动，给予一定的认可，增加学生的信心，教师还可以在此基础上，加以深度指导，使学生能够更深刻地体会到创新能力的积极影响。

## （四）对学生与课堂进行有效评价

要想达到最佳的教学效果，一方面教师要能够将丰富、正确、深度的知识循序渐进地传授给学生。另一方面教师要重视师生之间及时的双向评价。首先，学生对于课堂教学做出的客观评价，有利于教师根据学生的反馈及时对教学计划加以调整；其次，教师在课堂教学过程中，及时对学生的课堂表现通过肢体动作、语言表达、眼神传递等途径给予反馈和评价，传达的信息可以是积极的认可或赞扬，也可以是带有惩罚意味的批评或否定，这种双向评价有利于教师充分掌握不同学生的学习进度，因材施教，高效利用课堂时间。

# 第二节　高中语文教学中的核心素养

"学生的核心素养是当前落实素质教育理念的根本任务"。[1] 在语文教学中培养学生的核心素养是每一位教师都应研究的重要课题，对此语文教师应摒弃以往单一的灌输式教学模式，从学生的实际出发，结合学生的实际情况，通过创设教学情境、激发学生自主学习意识、构建贴近教学内容与生活实际的教学活动等多种方式，来提升学生的语言构架与运用能力、思维概括能力、文学鉴赏与创作能力等基本核心素养。

## 一、高中语文教学中的核心素养解读

### （一）知识论

一个人的核心素养有着较大的发展空间，其中，教育以及自身的努力是最主要的，也是最基本的发展途径。对于核心素养的培养，通常以语文学科内容知识为基础和载体，在对知识的学习过程中，加强培养语文学科核心素养的意识，促进对语文学科核心概念、规律、原理的理解，并形成态度与能力，从而达到对语文学科核心素养的理解与构建。任何

---

① 王晓春. 浅析高中语文教学中学生核心素养的培养 [J]. 学周刊，2023，537（9）：145.

教学活动，都是以一定的知识的传授与学习为基础的，这也是学校教学模式的基本形式。

以语文学科知识为基础的核心素养的培养要注意以下两点：首先，通过课程化的知识教学过程，将以认知价值为核心取向的知识学习与智力发展相统一；其次，注重学生语文学科思维能力的培养的同时，不断加强学生对语文学科特征的理解。在此基础上，促进学生语文学科核心知识、核心观念、核心方法等多方面的建构与发展。

核心素养与语文学科知识相互促进，互为统一。核心素养的培养以语文学科知识为基础，主要是对语文学科知识中核心知识的学习。同时，进行学科观念、思维、态度的培养。从教学任务来看，一般任务是引导学生能动地学习，掌握基本的知识与技能，同时具备灵活运用的能力，这也是其他任务得以完成的基础和前提。因此，核心素养的形成过程，是语文学科知识教育价值实现的过程。没有基础知识的掌握，就无法获得以知识为基础抽象出来的方法、态度以及能力，核心素养的培养也便成为无本之木，效果可想而知。

## （二）认识论

知识建构理论成为核心素养培养的理论基础。生活在社会中的人，或多或少都会有一定的生活经验以及所学知识的积累，并自觉或不自觉地将其运用于新知识的学习及能力方法的获取上。对于核心素养培养而言，核心素养形成的过程，可以认为是意义建构的过程。其中，已有经验或观念是基础。教师的作用不是忽略学生已有的经验或知识，对学生进行新知识的传授，而是应该充分考虑学生对已有知识的掌握，并基于此，找到新旧知识间的连接点，建构新的知识。由此可见，新知识的形成，对于原有知识结构的改进与发展，同样有着积极的促进作用。建构主义指导下的核实素养的培养，可从以下三方面着手：

### 1. 以学科问题情境为教学的主要活动方式

核心素养是知识与能力的统一，而以语文学科教学为基础的核心素养的培养，重在以语文学科问题情境为背景，引导学生形成在具体情境中解决具体问题的能力，而非依靠传统的教师传授。而这一观点，恰好符合建构主义者所秉持的情境性认知观点（强调学习、知识、智慧的情境性，认为知识是不可能脱离活动情境而抽象地存在的，学习应该与社会化的情境活动结合起来）。传统的学校教育奠定了知识传授的基础，而能力的获取，以及思维能力的提升，仅凭教师的传授，无法真正实现。通过参与性的实践所获取的某种能力、方法等，远大于从书本或演示中所获取的。思维能力的培养与提高，取决于学生解决具体问题时方法策略的选择、应用以及对行为过程、行为结果的反思。无论是知识的获取，还是知识的运用，既来源于实践，也离不开实践过程的体验，是在具体情境中的反复尝试、小组协作以及不断思考。同样，掌握科学的学习方法，也与实践关系紧密，也是在具体情境中，面对所解决具体问题时不断反思的结果。建构主义主张"抛锚式教学"，即在教学过程中，教师应善于创造与现实相似的情境，引导学生对相应的问题情境进行探讨，培养学生对问题情境的建构，促进思维能力的发展。

### 2. 以探究式学习为教学的主要活动方式

在我国当前的学校教育中，课堂教学是学生学习知识内容最主要、最基本的形式。课堂能够为学生提供系统学习语文学科知识的机会，使学生掌握系统的科学知识。但是，与此同时，我国课堂教学也存在以教师讲授为主，忽略学生在学习中的主体性，忽略对学生探究性思维能力的培养这一主要问题。教学过程不应该以知识传授的多少为衡量标准，而更应该以学生对知识的理解、吸收，乃至掌握程度为主，这一教学目标的实现，离不开探究式教学过程。建构主义指出探究式学习①过程是以问题为导向，通过发现问题和解决问题而建构知识的过程。由此可见，探究式学习的开展离不开问题情境的创建，而所创建的问题情境必须是与所学内容相关的、有意义的。

### 3. 创建有意义的问题情境

这与教师的探究意识及能力有着直接关系。教师需要强化探究学习的意识，合理设计探究过程，既要结合学生的实际状况和知识水平，又要与生活实际密切相关。同时，将探究活动的难度控制在合理的范围内，既要避免问题超出学生的能力，而让学生望而生畏，挫伤学生学习的积极性，也要避免问题设置过于简单，达不到提升学生探究思维能力的效果。在这个过程中，教师要设置一系列的合理问题，并以问题链的形式将这些问题串起来，用于指导学生的探究，促进学生核心素养的构建。

## 二、高中语文核心素养的教学观

### （一）"立德树人""以生为本"的教学观

#### 1. "立德树人""以生为本"的含义

（1）"立德树人"已成为现代教育理念及基本要求。所谓"立德树人"，就是要求教师在面对作为教育对象的学生时，要明确教学的关键在于人的培养，教学活动应围绕学生

---

① 探究式学习又称为研究性学习，是指从学科领域或现实生活中选择和确立主题，在教学中创设类似于学术研究的情境，学生通过动手做、做中学，主动地发现问题、实验、操作、调查、收集与处理信息、表达与交流等探索活动，获得知识，培养能力，发展情感与态度，特别是发展探索精神与创新能力。

的个性自由而有序开展，教学服务于学生的成长成才。对于学生而言，其个性自由和健康发展应该以良好的道德品质为前提，而这正是核心素养导向下教学的重点。所以，重建核心素养导向的教学，必须坚持"立德树人"的教学观。

（2）"以生为本"也是现代教育理念，即以学生为中心。"以生为本"是指在教学活动中，教师应关注学生，尊重学生的个体差异；要根据学生的兴趣特长、能力水平等特点，制定不同的教学内容；要鼓励学生进行自主学习，充分挖掘学生的潜能，以促进学生全面、均衡地发展。

### 2. 树立教学观的具体途径

（1）教师需要转变观念。对于教学而言，知识的传授和能力的培养对于成绩的提升固然重要，但是这些必须服从于学生的健康和幸福。健康，不仅仅是狭隘层面的身体健康，还应该包含更为广泛的意义，即心理健康以及良好的品质。因此，教师在教学活动中，要以学生的健康为前提，注重将学生良好道德品质的形成与知识的传授相结合，这就要求教师以学生为中心，全面了解学生的实际情况与需求，尊重学生的个体差异，对不同学生采取不同的教学方法。作为教师既要鼓励及要求学生学好知识，还应该尊重并爱护学生，善于发现学生的优点和长处，尤其应注重对学生潜能的挖掘。

（2）正确清晰地认识语文学科的核心素养，尤其要认识到实施核心素养教育的本质意义。在此基础上，教师才能更好更自觉地将语文学科核心素养融入教学，了解学生的真实状况及学习情况，尊重并宽容学生形成自己的教学智慧与教学风格。只有这样，才能真正落实基于核心素养的新课标精神，也才能提高教师基于核心素养培养的教学能力。

（3）基于学情分析。这是开展有效教学的前提。只有真实准确地分析学情，才能保证教学活动的开展更有针对性。学情分析的对象主要是学生。因此，对学情的分析主要包括对学生学习起点状态、潜在状态的分析。对学生起点状态的分析可以从三个维度展开，即知识维度，主要是学生对基础知识的掌握与认知；技能维度，主要是指学生已具备的学习能力；素质维度，指学生的学习习惯。

而对学生潜在潜能的分析，也可以从三个维度来理解。首先，知识维度，即学生知识潜能，主要根据学生已有的知识基础、原认知结构，学生的情感和发展需要来分析；其次，技能维度，即对学生知识技能、过程与方法、情感态度与价值观方面所具备的能力分析，包括能力层次及状态；最后，素质维度，即对学生的学习习惯的分析，学生的学习习惯是怎样的，根据习惯选择更有效的学习方法，基于学生的学习习惯，课堂教学可能生成的能够促进学生学习的资源等。

### （二）"学科本质"的教学观

学科核心素养导向下的教学，还应该树立"学科本质"的教学观。这就需要教师了解和掌握基于核心素养的课堂教学方法，能在了解学科本质的基础上梳理学科核心素养与学科本质的关系，以及探讨如何在学科核心素养导向下进行科学教学，彰显学科教学的独特魅力及育人价值。要促使教学活动从教学转向教育层面，教师需要具体做到以下三方面：

第一，对于学科素养要有客观准确的认识。核心素养培养的着眼点，也并非学科教学任务的分解。而应该立足于教学全局，将核心素养定位为学生应对复杂问题所必须具备的解决问题的能力和品质，这也是学生适应终身发展及社会发展需要不可或缺的关键能力和必备品质。在教学过程中，教师要发扬伯乐精神，独具慧眼，善于捕捉、发现并利用学生的优势、特长、经验、创意、见解，乃至问题等，使之成为教学的生长点。教师要不断丰富教学资源，尤其需要开发学生身边的资源；培养学生的实践能力，让学生在实践中锻炼并提升能力；除此之外，还要广泛利用校内外场馆资源——学校图书馆、实验室、课程基地、运动场等及校外科技馆、博物馆、农业科技园等；处于信息时代的今天，教师还应该鼓励学生充分利用网络资源，丰富自己的学习经验，利用互联网丰富的资源，扩大视野，开阔眼界。

第二，真正领会核心素养导向下的教学育人价值。教师要为学生的自主学习与探讨，营造良好的学习氛围，借助多种教学手段与方法，引导学生自主地进行能力锻炼。此外，教师应注重对学生兴趣的塑造，在教学活动中，努力培养学生的兴趣，为其将来的发展奠定基础。

第三，以使学生掌握"解决问题"的能力为教学目标。在以核心素养为导向的教学过程中，教师应该灵活选择并调整教学内容，根据学生的特点及需求，以及教学现状，及时变革教学方法及模式。而要实现这一改变，教师是关键。教师必须回归教学本质。唯物辩证主义的发展观告诉我们世界是变化发展的，任何事物都处于变化发展之中，教学活动也是如此。教师在这个过程中，要发挥自己的教学智慧，引导学生发展问题、探讨问题、解决问题。只有这样，才能保证教学活动从以讲授为主向以学生的自主学习为中心的转变，这也为以学生的学习为中心的教学设计奠定了基础，从而保证教学活动真正围绕学生而开展。

## 三、高中语文核心素养理论的意义

核心素养是对教学目标及任务的科学化与具体化，是新的时代背景下对教育所培养人才的美好憧憬。对于教师而言，核心素养的提出只是为他们的教学指明了方向，他们更关注的是如何在教学中落实核心素养的培养问题。而对于核心素养理念的教学意义的认识和理解，也需要教师对其有一个客观而全面的认知。

## （一）现实意义

核心素养理论是教学目标的科学化和具体化，为课程的设置指明了方向，成为课程设置的重要依据。对于传统教学而言，课程内容的设置一般是教师针对学科特点及知识结构，以学科发展逻辑为主线而设定的。与课程内容的确定教材编撰也有相对明确的选择路径。随着时代的发展及教育改革的进行，课程设置在内容的选择上也更为丰富，难度也逐渐提升，但是对于学生的发展价值却没有确切的保障。

教育的根本目的在于促进学生的能力与品质的发展。显然，传统的课程设置并不能很好地促进教学目的的达成。这就需要教师及教育工作者转变教育理念，更新课程设置观念，将知识在学科中的意义，转向知识在核心素养培养中的意义，并作为课程内容的确定依据。换言之，课程内容的设置需要最大限度地容纳能够促进和提升核心素养的一系列相关知识。只有这样，才能免去不必要的、对学生成长意义不大的课程内容，从而使学生在有限时间内获得更多、更有价值的知识，调和教学时间有限与知识学习无限之间的冲突。

在核心素养理论的指导下，课程内容的确定与教材编撰，也将发生根本性的变化。主要表现为，从过去单纯以学科知识体系为依据的路径，转变为兼顾以促进学生核心素养的形成为依据的路径。这既符合现代教育的根本目的，也更有利于促进学生的发展，为学生的发展提供有力保障。由此可见，核心素养是课程内容选择的重要依据。在此基础上进行的课程内容的设置、教材的编撰等，才更有教育价值及意义。从一定程度而言，这是课程理论与实践的创新与突破。

在教育改革的不断推进中，核心素养的提出，顺应了教育改革的趋势。在核心素养理论的引导下，教师不再沉浸于厚重的书本、疲惫于繁重的练习，也不再纠结于成绩的好坏、分数的高低，而是通过书本和成绩，看到教育的实质，即人的发展，以及教育育人的目标。尽管分数与学生的成绩有着一定的关系，一定程度上能够反映学生对知识的掌握和运用能力，但这并不是教育的终点。教育应该在促进学生掌握知识的基础上，促进学生能力的提升及全面发展。目标是前提，教材是辅助，学生是关键。这样，才能保证教育发展的正确方向。从知识本位转向核心素养本位，是课程改革的质的深化与升华。

## （二）超越性意义

### 1. 教育性

教学的意义在于向学生传授基本的文化或内容，并让学生掌握。由此可见，教学必然涉及教与学的过程。换言之，教学必须将借助某种文化内容的习得（学力的形成）同作为生存能力的人格（教学的教育性）的形成联系起来。基于核心素养的定义，教学既包含关键能力，也重视必备品质。因此，核心素养理论对于教学而言，有着积极意义。

此外，从过程来看，教学是向学生传授知识与技能的过程。从一定程度而言，也可以理解为是向人传递生命气息的过程。无论基于哪一种理解，人都是教学的关键，人的发展才是教学的价值所在。因而，对于学校教育而言，课堂教学是学校教育最主要的形式，理应顺应时代发展的要求，尊重学生个体，将学生的发展视为教学的价值所在。从这个意义上说，教学目标的达成，不应该只是教学方法、技术层面的改变，其关键在于教育观念的变革，即尊重学生的个体性，要让学生成为真正的自己，而非被概括、被物化的抽象人，这也是教学的教育性的体现。

### 2. 在场性

教学活动中，教师的教与学生的学，是相互统一的，是教学过程中很重要的一组关系。相对而言，学生的学更应该得到重视与强化。换言之，教师的"教"，是为了学生更好地"学"，教是为学服务的。建构学习理论认为，学习过程是对知识的意义建构过程。而这一过程不是仅依赖教材和教师就能够完成的，还必须通过学习者自身的努力，才能达成。换言之，学生个体是关键，即教学活动必须是学生个人"在场"，才能真正发生。

由此可见，学习离不开学生本身的参与，否则，学习活动便不会发生。核心素养理论重在学生能力及品质的培养，引导学生通过自主学习去发现知识、解决问题，并把通过"经验的能动的再建或者统整"的知识视为真理，这种被视为真理的知识，被称为"默会知识"，这种知识的获得，意味着"在场"学生对知识的真正学习和理解。

### 3. 交互性

教学应是师生双向互动的过程，而非教师的一言堂，这是传统教学活动亟待解决的问题。核心素养理论的提出，符合现代教育的要求及理念，强调学习共同体的创建，意在教师与学生间形成多位互动的关系，促进师生间、学生间的交互。不仅如此，还强化了个人知识和学科知识的对话互动，使教学过程成为知识创造的过程，从而使得知识的学习更加灵活，也为学生综合素质与能力的培养营造良好的教学环境。

# 第三节　高中语文教学的相关理论依据

高中语文教学虽然是一个实践问题，但却有着深厚的理论基础。如果能依据相关的心理学、社会学、生态学理论进行管理，那么会使教学行为更为合理、有效。

## 一、心理学相关理论支持

自冯特建立第一个心理实验室以来，心理学的发展为教育教学的科学化发展产生了积极的推动作用。在语文教学环节中也不例外，心理学家桑代克在其《教育心理学》中确立了一种客观的研究精神，将课堂诸现象解释为刺激—反应的联结，以行为主义为代表的心理学对人的行为的关注。这一理论研究范式的确立及其在课堂管理中的应用，使课堂管理在科学化的轨道上逐渐走向深入，并在以后的几十年中占据主导地位，成为课堂管理研究的主要理论来源。

在 20 世纪 60 年代，由于认知心理学和人本主义心理学在教育理论及教育改革中优势地位的获得，语文教学管理理论产生了一种新的范式的转换，如认知心理学强调从对人的认知分析入手，试图使学生了解语文教学管理的一般规范，理解教师课堂教学管理行为的原因与方法，从而使学生形成自觉的课堂行为，并由认知逐渐形成积极的师生关系，维持与促进课堂秩序，如向学生说明行为的目标，使学生明了其行为与结果之间的逻辑联系，进而产生教师所期望的行为；而人本主义心理学则从对学生的需要、潜能的分析入手，对人的行为产生的原因和发生机制进行研究，进而将这种研究运用于课堂，如格拉塞的现实疗法就强调将课堂建设成一种积极的、富有启迪的教育环境，教师应向学生提供最好的机会去发掘隶属感、成就感和积极的自我认同。

心理学的研究范式与研究思路也为课堂管理提供了方法论指导，使课堂管理有了自己的基本理论和研究范式。既然心理学是语文教学管理的主要理论依据之一，课堂教学过程中的心理过程、心理特征及课堂中特有的心理结构必然进入课堂管理首要的研究范畴。教学活动包括人的智力因素和情感、意志、行为、个性倾向性（需要、动机、兴趣、理想等）和个性特点（性格、气质等）等非智力因素的参与，忽视非智力因素或者忽视智力因素都是片面的，都将影响语文教学的操作，甚至影响课堂教学质量。

对于学生来说，课堂上各种科目的教学活动是丰富知识储备，提升学习能力，开阔视野，逐步形成价值观、人生观、世界观的主要途径。多年来，国内外心理学领域针对人类智力发展的研究已经表明，人的智力水平随着年龄的增长，超过一定的数值之后就很难再出现大幅度增长，此时学生自身具备的非智力因素成为影响教学效果的主要原因。因此，这意味着教师在对学生进行教育的过程中，要同时考虑到不同学生的智力水平，以及其他非智力因素对于培养学生形成适合当前时代发展所必需的知识能力、道德品质、精神面貌和行为方式。

我国教育理论的研究从20世纪80年代开始逐渐关注非智力因素对于人才培养的重要作用，该方面的权威著作有上海师范大学心理学家燕国材教授编写的《非智力因素与学习》、天津师范大学心理学家沈德立教授编写的《非智力因素与成才》等。目前，在心理学领域，非智力因素可以划分为情感发展水平、意志发展程度、道德品质、个性特征四大类，这些因素虽然不直接参与学生形成认知的过程，但是能够对认知过程起到一定的制约作用。

除此以外，非智力因素对学生综合能力发展的作用主要体现在以下三个方面：其一是推动力作用，像世界观、人生观、价值观、兴趣、理想等非智力因素能够帮助学生明确学习活动的目标和方向，使其获得内在的驱动力和坚持不懈的毅力；其二是定型化作用，像独立能力、自制力水平、耐力、自觉性等非智力因素能够帮助学生养成固定的良好学习习惯；其三是学生的性格特征，像细心、责任感强、勤奋、诚实等能够在一定程度上弥补学生在知识储备和能力方面的不足。

## 二、社会学相关理论

从社会角度看，课堂是一种特殊的社会系统，是一个微型社会，是社会大系统中具有特殊功能的一个小系统。在这个系统中，教师、学生和环境之间不断发生作用，常常也会产生不可回避的矛盾和冲突。社会学的原理与研究对于语文教学管理的启示是很有借鉴价值的。因为课堂亦是一个微型社会，教师与学生在其间彼此共生与互动。这一互动不仅促成了多种多样的课堂景观，而且使课堂呈现出复杂的社会特征。

### （一）功能主义理论

功能主义特别强调社会结构中的每一部分对于社会整体生存所发挥的作用，认为社会的组成及其生存方式同生物体非常类似。此外，功能主义认为，每一个社会都有一共同的文化，这是一种社会成员共享的价值或伦理准则。只有社会成员之间具有共同的认识、共同的态度和共同的价值观，才能减少社会的冲突，社会才能维持其稳定和谐，才能发展。对于教育而言，就是要使个体社会化，培养人们具有共同的信念、共同的态度和统一的价值标准，使社会的共同价值内化于个体之中，促使社会成员对不断变化的社会在思想、态度方面能保持和谐一致。

功能主义对于高中语文课堂教学的启示在于：首先，教师要注重课堂中的文化建设，建构共同的信念与价值系统，使课堂成为一个和谐的共同体。为此，教师要有意识地在学生中培植理想与努力方向，建立明确的目标和共享的价值体系，并对学生如何获取这些价值体系给予足够的关注，对价值系统做持续不断的研究。教师还要善于在宏观背景下组织学生行动，并注重培养行动过程中畅通的交流渠道，通过交流让师生分享活动过程中的经验。这样不仅能够传达课堂中发生的事情，还有助于认识各自的角色及其关系，并最终形成团体的意义，使课堂中的所有成员形成共同的认识与信念。有了这一和谐的共同体，就能减少或避免课堂中的冲突与混乱，形成课堂中的内聚，促进课堂教学的顺利进行。其次，课堂亦是一种微型社会系统，包含着物理的、认识的、社会的、情感的等多种因素，这些因素都处于整个系统内复杂相连的各个环节中，任何一种因素的变化都将对整个系统产生影响。同时，其功能的发挥取决于这一系统结构的整体优化。

因此，教师在课堂教学的过程中，就要对课堂教学环境进行积极的改造，对各种因素加以调适和整合，使课堂中各种因素结合成一个统一整体，并达成协调一致，从而适应课堂系统的整体而达到平衡。

（二）管理互动理论

管理互动理论是 20 世纪 70 年代后兴起的一种注重对具体情况进行解释性分析的社会学理论，它强调对现实本身的剖析，并重视探讨现实的过程和存在于这一过程中的主观目的性与交互作用。这一理论认为人既是行动者，又是反应者，人对外界环境做出反应，不只是物理性的，而更多的是通过语言、手势、表情等这些表达思想的管理做出反应的。人总是生活在一个象征管理相交往的世界中。对于学校或者课堂而言，它们也都是由一个表达一定社会意义的各种管理所组成的管理环境，学校生活或课堂生活的过程实际上是教师与学生之间以管理为媒介的社会互动过程。在这一过程中，学生了解和解释周围的环境，从而发展自我。

# 第二章 高中语文教学中的方法探究

## 第一节 高中语文教学中的有效导入

课堂导入可以利用简洁的教学语言拉开教学序幕，并随之展开教学主题内容。导入是教学活动的首要环节，一般为 3~5 分钟的教学过程，具有激发学生创造力、唤醒学生积极主动性的作用。但在实际教学中，教师对于导入教学环节存在许多误区。此外，在专业学习过程中，导入是教学设计中一个必不可少的环节，在整个教学设计中能够起到提纲挈领的作用。在高中语文的学习过程中，有效导入能够使学生更加体会到文学作品的魅力，让学生能够学有所获。但在实际教学中却并非如此，许多高中语文教师都会跳过这一重要环节。

### 一、高中语文课堂中有效导入的意义

有效的课堂导入在教学过程中充当重要角色，能够起到总领全局的作用，对语文这门课而言，导入更是兼具艺术性与功能性。课堂导入也就是通过一定的教学环节设计，教师使用富有启发性的导入语和激发学生学习兴趣的教学方式和手段展开的语文思维活动。课堂导入环节的效果是可以直接影响到教师后续的课堂教学情况和效果的。

#### （一）有效课堂导入是实现教学目标的基础

任何学科优质的目标，都须依托课堂教学的实施才能实现。自课堂开始到进入学习状态，需要一个缓冲过程。尤其是高中阶段的学生，在学习和考试的双重压力下，时间被压缩得非常紧实，课间不得空闲，在下一节课开始之前，学生或许还处于对前一堂课学习内容的吸收、消化中。此刻，导入则显得尤为必要，能极为有效地将其调整到当前的学习状态中，可见导入是实现教学目标的前提。

## （二）有效课堂导入能够帮助教师树立教学自信

在有效导入教学理论的推动下，教师变成了课堂教学的促进者，职责和任务变得多样、多重，作用更加多元。语文作为综合性极强的学科，教师若仅仅是有着传统的专业知识和教学技能已不能适应需求，而是应该有智慧教学的追求，要根据教学目标和学情进行优质教学。

一名高中语文教师若想从根本上提升自己的教学水平，也必须树立优质教学的意识，从知识积累、教学技能、道德修养等多方面入手，从而获得成功。在导入环节中也应该贯彻这样的理念，兼顾各方面，实现导入的优质高效。如此也必将得到学生的积极配合，在踏上讲台之初便赢得学生对教学内容的期待、对教师能力的信任，让学生对后续学习有兴趣，并且保持住这样的热情。当学生从眼睛、神情、语言、肢体中将这种热情自觉地流露出来时，则是对教师莫大的鼓舞。而这种鼓舞能振奋教师的教学情绪，提高教师教学的兴奋度，增强教师的自我效能感，树立教师的教学信心和威信，教学也会变得更有感染力，与学生的学习兴趣实现良性互动。

## （三）有效课堂导入有助于激活学生的学习兴趣

兴趣在所有学习活动中都起着重要作用，低效的教学，往往会忽视新旧知识间的联系，给学生造成学习困惑，使其望而生畏，因而失去学习兴趣，甚至放弃学习。对于语文学习而言，兴趣是构成学生自主、积极学习的核心因素，是学习的催化剂。所以，要促使学生主动学习语文，就必须培养学生的语文学习兴趣。

有效的课堂导入要求教师结合具体教学内容，从学情出发进行教学的探求与创新，构建和谐的学习氛围，形成主动性、生成性、发展性的学习局面。课堂的每一分钟都非常宝贵，虽然在日常教学中不可能要求学生将每一分钟都用于学习，但也不宜将过多时间白白浪费在学习准备、环节转换等方面。因此，教师要在导入环节中用最恰当的时间、最有效的方式去激发学生的学习动机，从而为整个课堂教学的推进打下良好的基础。

综上所述，有效的课堂导入既关注知识，又注重思维、情感的体验和发展；既注重学生内在的发展进步，又强调学生外在的交往、成长，强调学生内外统一、终身全面的发展，顺应了时代发展的需求。

## 二、高中语文课堂中有效导入的方法

进入高中阶段的学生，各方面知识、能力等都有了一定的深度，在为教师备课提供更大的可能性空间的同时，也对教师的能力、课堂教学提出了更高的要求。在课程开始之前，学生可能还处在课前混乱的状态。课堂导入则可以起到极好的缓冲、过渡作用。丰富、有趣、多样化的导入方式，可以在视觉、听觉或者是在心理上对学生产生较为明显的刺激，逐渐把学生的注意力从课下散漫的状态调整到课堂集中的状态，转移到教学内容中，具体可以运用以下方法：

第一，吸引注意力。学生在课堂伊始，往往还沉浸在课间的休息氛围中，并不能快速进入课堂学习氛围。教师可以使用精彩的导入语言或活动来抓住学生的思维与注意力，并有序进入课堂教学环节。学生的注意力集中时间是有限的，因此教师应通过课堂导入的方式来尽快帮助学生将注意力集中在语文课堂上，以期提高学生的语文学习效率和促进课堂有效教学系统的构建。教师应该结合不同的教学导入手段，帮助学生以最快的速度提高自己的学习注意力，并将注意力集中在语文课堂知识的学习上。

第二，激发学习兴趣。兴趣是提高学生学习效率的重要动力，也是引导学生主动积极地进行语文学科学习的重要手段。可见，教育的艺术就在于使学生对教师所教的东西感到强烈的兴趣。因此，教师通过课堂导入环节来增加学生的学习兴趣，可以通过诙谐、幽默、引人入胜的导入手段来增强学生的参与度，并帮助学生在兴趣的激励下积极投身于语文课堂学习。

第三，增加师生互动。良好的、有效的师生互动是提高语文课堂教学导入的有效推动力，也是教师得到学生好感的重要教学阶段。人类是很重视第一印象的，而课堂中的导入环节往往就是学生对于这一堂语文课和语文知识的第一印象。因此，教师应该重视导入环节的安排，并利用导入环节来充分得到学生的好感，使用简洁亲切的语言来开展语文导入环节的师生沟通互动，从而建立良好的师生互动关系，营造良好的课堂学习环境与氛围。

第四，明确教学方向与基调。通过导入环节的设置，教师可以明确语文课堂的教学方向和教学基调。换言之，导入环节的设置可以明确教学目标，并帮助教师严格按照既定的教学目标进行教学。同时，有效的课堂导入还可以设定好课程的主旨与情感基调，这就需要教师结合语文课程的实际教学内容进行设定。只有依靠导入环节实现了教学方向的设定，确定了学习内容的主旨、教学情感的基调，才能顺利完成整个语文课堂的教学任务。

## 三、高中语文课堂中有效导入的核心

### （一）课堂导入语的设计

"导入"与"导入语"之间是包含和被包含的关系，但"导入语"在"导入"中的作用非同一般，它渗透在各种形式的"导入"之中，而且语言表达是语文教学中的重要内容，对于语言的熏陶应该是"润物细无声"。导入语在语文教学中具有重要作用，因此，以下探讨导入语的设计原则：

第一，贴近生活。师生之间无论是年龄还是思想上都存在着巨大的差距，差距的存在会消减教师与学生之间的亲密度。有些学生用"白天不懂夜的黑"来形容教师不懂他们的心情。另外，经典课本与学生之间就具有差距，强烈的时代感让学生无法理解课本中所要表达的情感。基于以上两点，教师在设计导入语时，需要考虑接受群体能否理解。

第二，设置悬念。艺术之间都是相通的，正如经典戏剧之所以成为经典，就在于其能够不断引起观众的思考。例如，著名的哈姆雷特之问，"生存或死亡，那是一个问题"，始终引导着大家去探索人性的奥秘。教学艺术也一样，不断地刺激学生发现问题，解决问题，从而不断成长。导入语以设置悬念的方式出现，有利于集中学生的注意力，有利于使学生掌握课程的主要表达内容，使学生在疑惑中找到人生的方向。

第三，富有文采，逻辑清晰。优美的语言不仅能提升教师的个人魅力，还能营造良好的语言环境。尤其对于语文而言，语言就是语文生命力的根本。语文教师要在使用导入语时，充分发挥自身的专业优势，导入语不仅要文采斐然，更要逻辑严谨。语言是思维逻辑的外现，教学方法中的复述就是不断锻炼学生的口头表达能力，从而提高语言逻辑思维。此外，导入语的根本目的就是让学生能够清楚这节课的主要任务，如果语言组织凌乱，就会事倍功半。因此，教师在设计导入语时，必须做到逻辑清晰。

## （二）课堂导入的组织要素

教学活动是以教师为主导、学生为主体，在不同的教学环境中，运用适当方法组织的活动。导入作为课堂教学的首要环节，也有其组织系统。所谓导入的组织要素，即人的要素，也就是教师和学生在教学中的组织关系。一直以来，教师都是教学活动的设计者、执行者，在教学活动中发挥着主导作用。但是，随着"以生为本"教学理念的深入人心，学生在教学活动中的地位越来越突出，教育工作者更加关注学生的学习状况，不再盲目强调教师的权威，忽略学生的诉求，师生之间的关系发生了变化。教师从施教者，到既是施教者又是受教者；学生从被动接受者到主动探索者。从这些变化中可以看出，教学活动应强调发挥学生的主动性，培养学生的综合能力。因此，可以将导入的组织要素分为教师独导、师生共导、学生独导这三种情况。

### 1. 组织要素的分类

（1）教师单独导入。教师独导是指教师独自导入，也就是指以教师为操作主体的课堂导入。这是教学活动中最常见的组织形式。具体表现类似于独白的方式。因教师独导具有强有力的掌控力，深受广大教师喜爱。但这种组织形式，学生的参与度几乎为零，不利于师生情感交流。

教师独导在教学中一般表现为教师以语言的形式独自导入课程。因其具有巨大的优越性，故而，在教学中，往往成为教师进行课堂导入时的首选。教师独导的优越性在于：①教师独导便于教师对教学目标和教学计划的掌控，在完成教学任务时，总会因为课堂中出现的意外而耽误教学进程，教师独导有利于完整地呈现教学预设；②相对于其他的教学形式而言，便于完成难度比较大的任务，教师意志至上，学生处于模仿学习的阶段；③教师独导易于实施，因不需要学生参与，极少发生课堂教学事故。

教师独导的缺点：①在教师独导中，教师容易表现出"绝对权威"，面对学生，经常呈现一种强者不容置疑的姿态，在这样的环境中，容易导致学生丧失自主学习的能力，形成一种被动教学；②教师在独导中用语言开场，形式单一，导致学生丧失学习兴趣；③教师独导不利于培养学生的合作精神。教师需要学生培养的合作精神、探究精神、创新精神，通过课堂教学活动，培养学生完整的人格。但教师独导这种形式偏向于对教师个人能力的展现，所以在采用这种形式时，教师需要慎重考虑。

（2）师生合作共同导入。师生共导是指在施行导入时，由学生和教师一起来完成教学活动。一般在教学中，展现的形式是师生问答、活动互动等，相比较之前的教师独导，更能体现学生在教学中的作用。教师用平和、平等的态度来引导学生学习，调动学生的积极性和主动性，这种形式有极大的优点：①能够在短时间内集中学生的注意力。②能够掌握学生已有的知识储备情况，适时调整教学计划。师生共导的主导还是教师，其中问题的设计都由教师独自完成。但在教学实践过程中，学生的学情不一样可能会导致语文课堂偏离教学预设。这时候，教师需要发挥临场应变能力，即能够在任何突发情况下灵活运用教学方法与策略，解决教学中的问题，顺利完成教学任务。③师生共导能够培养学生的合作探究精神。在师生共导的形式中，教师以师生对话、师生问答的形式为主进行导入。这时，教师不再是教学中唯一的主体，反而学生的回答成了焦点，有助于学生之间相互学习、相互交流，培养他们的合作探究精神。

（3）学生独导。学生独导是由学生承担主要的导入教学活动。导入教学在一般情况下是指教师对教学对象提供的教学活动，教师是活动的主导。前面两种教学方法中，也同样是以教师为主导来完成教学任务。高中语文教学应为学生创设良好的自主学习情境。在新的形势和要求下，教师需要慢慢放开对学生的限制，把课堂交给学生。

学生独导这种教学策略一般运用于学生自主探究的活动课程。在活动课程中，教师起辅助作用。学生通过探究、合作，解决学习中的问题。在"以生为本"的教学理念中，学生是教学的中心，应以学生为主导。在实践中，教师先确定好主题，再由学生自己组织活动，研究这个问题，这种全面自主学习的探究类课程，更能考验学生各方面的能力，调动学生学习的积极性。

学生独导在教学过程中比较罕见，其缘由大致有四个方面：①教师乐于用传统的方式教学，以完成教学任务，忽略培养学生的自学精神和探索精神，不愿将时间交给学生。②学生独导的组织方式不是对每种课程类型都适用，主要针对的是学生独导的自主探究课程，运用的机会较少。③现实情况决定了难以实施。高中生面临高考压力，功课多、时间紧，而教师教亦无充足的时间给学生自由探索。④校园图书、资料等资源有限，学习资源开发不足。大部分中学图书馆建设不完善，没有对学生开放，学生无法获取大量的资料来进行自主探究。

### 2. 组织要素的实践启示

组织要素的分类与运用注意事项，能够使大家更好地了解导入的组织要素，从而解决导入教学中的诸多问题，有利于建立高效语文课堂。从组织要素角度来看，无论是教师独导、师生共导、学生独导中任何一种组织形式，教师和学生必须好好沟通，这样才能将无意义的被动学习转变为有意义的主动学习。在教学组织方面，教师需要采取多种多样的教学策略，找到适合学情的教学策略，以此来解决忽视学情与缺乏情感交流的问题，此外，导入的组织要素对实践教学还有很多启示，主要包括增强自主探究活动、课程内容决定教学方式等。

（1）增强学生的自主探究活动。加强学生的自主探究和创新能力，强调语文教学主要在于应用。学生只有在应用中才能体会知识的重要性，发现自己的不足之处。因此，教师在导入中应该增加自主探究活动，即以学生独导为主的导入形式。

学生才是学习的主体，教育工作者应时刻谨记，但要真正付诸行动，则须从以下两方面来进行：①自主探究活动导入完全交给学生，教师监督。这种模式又叫公司模式，师生之间的关系变成公司中上司和下属的关系。教师严格监督学生的执行情况，却不直接参与到学生的活动中，让学生自己统筹各方面的事情，设计方案，执行方案。教师采用灵活多变的教学活动，锻炼学生全方位的能力——语言运用能力、组织能力与合作能力，甚至学生的自信心。②做好导入前准备工作，分为教师准备工作与学生准备工作两个部分。日常的教学经常提及的是教师的准备工作，即备课，忽视学生准备工作，即预习。当然，在自主探究性活动课程中，学生准备工作占主体。学生准备工作不仅仅是对下次课的教学内容进行预习准备，如读书、查字典、完成教师布置的课后任务等，更倾向于自主挖掘相关主题的内容。准备工作就是教师对学生指教的过程，不同于传统教学课堂上的知识性的指导，更能够指导学生如何与人相处。准备工作完成得是否到位，直接影响到活动的效果与活动目的的达成。

明确以上两点，自主探究性活动导入就比较容易实施。导入方式多种多样，最主要的依据是学生的特长。如"开场白"式导入、舞蹈式导入、讲故事式导入、试验式导入、图片展览式导入等。导入方式的运用，主要以学生的兴趣与活动形式来展开。

（2）课程内容决定组织导入方式。①师生共导、教师独导比较适用于学科课程。对高中语文必修教材整理之后发现，教材主要是以学科课程为主，而学科课程属于知识体系，学生在没有教师指导下很难独自完成。相对于活动课程来说，学科课程的学习难度比较大，学生自由发挥的空间比较小。在这种情况下，若是选择教师掌控力度较强的师生共导、教师独导的策略，有利于教学目标的顺利完成，有利于在教学过程中构建一个完整的知识体系。②学生独导比较适用于活动课程。活动课程是以学生为中心的。活动课程充分遵从这样的思想，以学生的兴趣爱好为依据，设计教学课程。这种类型的课程主要是培养学生的动手能力与知识运用能力，但知识体系不强，学生无法从中获得系统性的科学文化知识。为了避免这样的缺陷，在高中语文必修教材编排过程中，编者安排的活动课程难度比较小，可塑空间比较大，能够按照学生自己的能力自由发展，而且所占比例较小，起到辅助作用。

表达交流中有五个活动课程，即演讲、辩论、朗诵、讨论、访谈。这些活动的自由度比较大，话题自拟、活动方式自拟等。这种活动属于综合性的活动，可以让学生自由发挥，尽量发挥班集体的力量来完成，还可以增强班级凝聚力。

若要活动课程有好的效果，首先，教师必须事先做好相关知识的铺垫。在教学中考虑到教学时间的问题，有可能没有时间让学生对活动的性质独自探究。为了解决这一问题，一般是教师在教授阅读鉴赏的过程中，通过具体文章的学习让学生了解这种活动的性质，再让学生通过活动的形式来主动吸收、运用。其次，班主任需要建立一个强有力的班级核心力量，以确保教学活动能够顺利进行。

**3. 组织要素运用的注意事项**

教师必须遵守教学方法，同时又能够灵活运用。只有选择适当的方法，才能够使教学发挥最大的效果。只有在了解教学内容和学情以后，才能够做出准确的判断。但学情千姿百态，每一个班级都有自身的特色，因此教师需要在教学中仔细观察，才能因材施教。而教材具有固定性，比较容易研究。一般来说，高中语文教材编辑者考虑到学生的心理状况，学习内容也是由易到难。这样的编排，有利于学生对知识的理解。下面以高中语文必修教材为基础，具体分析组织要素运用时的注意事项。

（1）语文课程内容的差异。课程内容是课程的核心要素，从总体来看，课程内容是根据课程目标从人类的经验体系中选择出来，并按照一定的逻辑序列组织编排而成的知识体系和经验体系。长期以来，对于课程内容的争议比较大。"传统学派"认为，课程内容是按照一定的逻辑系统组织的知识文化体系，目的是更好地学习知识。而"现代学派"认为，应该以学生的兴趣爱好为标准设计教学课程。目前，接受最为广泛的观点是，课程内容应该兼顾知识体系与学生兴趣，课程内容应该具有知识性、生活性、综合性的特征。

按照课程内容划分，课程应分为学科课程和活动课程。学科课程以传授文化知识为主；而活动课程是以传授学生感兴趣的实践活动为主，比较贴近学生生活。

（2）学生的学情差异。学情指的是学生的情况，包括学生的心理、身体、智力等各方面的情况。了解学情，才能做到因材施教。目前，我国主要采用班级授课制，在这种制度中，实行的是一种粗放模式的因材施教。大概有两种分类方式：第一种，按照全国中学考试水平，将学生分为实验班、普通班；第二种，按照学生的兴趣或是自由意志的选择，分为文科班、理科班。第一种分类方式曾引起了较大的争议，有人认为这种做法伤害了学生的自尊，没有考虑学生的感受。但实际上，根据学生的学习能力采用不同的教学方法，有利于教师教学工作的开展，同时也能提高学生的学习效率。

实验班学生普遍比较自律，目标性很强，善于发现问题，但教学过程中课堂气氛比较沉闷。他们更感兴趣的是对知识的吸收，而不善于发现问题。在这种情况下，教师可以采用师生共导的方法，引导学生发现深层次的问题，同时，采用学生独导的方式，鼓励学生自主探究，让他们学以致用。调动学生的积极性之后，他们才更愿意自己主动学习。同时，减轻教师的负担，也给教师带来挑战，教师要不断更新知识，紧跟学生的步伐。

普通班学生比较散漫，自信心和自我价值感较低。虽然课堂气氛比较活跃，但效率低。在教学中，学生更愿意以"活动"的形式来探究知识，不过教师在教学过程中需要起到重要的引领作用。从建构主义心理学上讲，学习犹如修建大楼，教师需要为学生搭建脚手架，以助学生能够一步步到达目的地。"师生共导"中，教师通过一个个小问题，慢慢引导学生完成教学目标，有利于学生发现自己的兴趣点，提高自信心。

所谓"教无定法，贵在得法"，在变化多端的教学过程中，教师可能遇到更复杂的情况。但即使再变化多端，都离不开教学内容及学情分析。对这两点的分析，决定教学活动采用哪种组织形式更为恰当。

（三）课堂导入的形式策略

导入的形式策略又被称为操作要素，即根据导入载体或形式的不同，可把导入策略划分为语言导入和行为导入两种类型。

### 1. 语言导入

语言导入是教师经常选用的一种策略，主要是通过语言引入教学活动。其一般表现为教师用独白式的语言开场，吸引学生进入学习环节。根据"导入"与"导入语"的概念辨析，体现了"导入语"在"导入"中的重要作用，充分有效地发挥"导入语"的作用，有助于提高课堂效率。

导入语是导入环节最主要的语言组织部分，是导入环节中所有语言的总称，包括提问语、评价语、指导语等多种形式的语言。提问语一般运用于师生问答以及师生互动的导入形式中。评价语一般是教师对于学生发言的评价，一般鼓励性、表扬性话语居多。指导语是教师对学生在发言中的问题给予纠正的话语。这些语言都点缀在导入教学过程中，使教学语言形式更加灵活生动。

### 2. 行为导入

行为导入是教师通过非语言的形式为学生创设情境引入教学活动。课堂中的行为可以分为两大类，一类是潜在行为，即教师无意识的行为动作，如教师的肢体动作、板书行为、站姿与穿着打扮等；另一类是有意识行为，即教师有意识地通过某种行为，达到教学目的。例如，化学、物理等学科中，教师经常通过某种化学实验或者物理实验激起学生的兴趣，导入课堂所教授的内容。而在语言类学科中，教师常常忽视行动导入的作用，并未有意识采取某种行为引导学生完成教学任务。

教师要重视行为导入的优势，重视自己的行为对学生的影响。行为导入的优势主要有三点：①生动活泼，吸引学生。行为导入是一个动态的过程，抓住学生的猎奇心理和好动的特点，容易吸引学生的眼球。相对于语言传递的信息，行动更具有说服力。②行为示范，印象深刻。学生通过观察教师在课堂上的行为，可以习得、矫正自己的学习行为。例如，教师在黑板上的板书、字体、格式会成为学生模仿的对象，更会影响学生的书写能力。因此，教师应为学生树立良好的行为榜样。③情境设置，利于观察。情境是观察的对象之一，情境设置是教师采取的一种有意识行为。通过对教学任务的深刻解读，教师设置相关场景，引导学生思考。

因此，在教学中，教师可以充分调动学生的观察力，设置相关情境，完成教学任务。

### (四) 课堂导入的资源应用

资源要素是对教学活动中使用的资源的总称。从"物"的角度来分析导入环节，根据导入材料和来源的不同，可以将导入策略划分为课堂教学资源导入、课外资源导入。中国教育技术协会曾经把教学资源分为两大类，即设计的资源和利用的资源。后来，教学资源的界定有所修改，主要包括教学材料、教学环境及教学支持系统。教学资源，通俗地说，是指一切可以帮助学生达成学习目标的物化了的显性的或隐性的、可以为学生的学习服务的教学组成要素。

语文课程资源包括课堂教学资源和课外资源，如教科书、教学挂图、工具书、其他图书；电影、电视、广播、网络；报告会、演讲会、辩论会、研讨会、戏剧表演；图书馆、博物馆、纪念馆、展览馆；布告栏、报廊、各种标牌广告等。以下论述关于导入资源要素的分类，以及资源要素在教学中运用的注意事项，进而提出对高中语文教学导入的启示。

**1. 课堂导入资源的分类**

（1）课堂教学资源导入。课堂教学资源导入主要指的是利用课堂内学生熟知的资源导入教学内容。课堂教学资源主要是教科书，教科书是根据一定的逻辑思维与心理顺序编排，具有强烈的逻辑系统与知识系统，是课堂活动的主要依据。教师在使用教材时，须结合学情，采取适宜的教学方法。

课堂教学资源导入具有极强的优势：①从学生的角度来看，课堂教学资源都是学校统一配置的，学生比较熟悉，运用起来更能贴近学生，方便快捷；②从教学内容来看，课堂教学资源的选择都经过严格审核，具有权威性；③从教师的角度来看，教师多次使用教材，对教材内容更加熟悉，更易于找到适合学生学习的教学方式。

课堂教学资源导入也有明显的缺陷：①对课堂教学资源的挖掘不够深入。教师仅仅教授知识点，教学内容浅显、苍白，没有感染力。②对课堂教学资源使用不充分。许多教师只注重教材的使用，对于教室环境、教室挂图等其他课内教学资源的使用率较低。③课堂教学资源毕竟有限，在编订教科书时，把它当作一种了解中华文化、学习知识技能的范本，而不是学生学习的全部内容。课堂教学资源的有限性不利于开阔学生的视野，也不利于打开学生的思维。

（2）课外资源导入。课外资源导入是指利用课外资源进行导入的教学活动。课内资源的有限性，决定了语文学习过程中课外资源的重要性。调查和观察显示，"导入"教学具有单一化、模式化的弊端。解决这类弊端不仅要从课内教学资源入手，还需要课外资源的延伸，丰富语文课堂教学内容，运用多种教学方式。课外资源多种多样，主要可以分为两大类：①传统教学资源。传统教学资源一般是书籍、文献资料等。教师应该引导学生掌握读书的方法，养成爱读书的习惯。②多媒体教学资源。20世纪90年代，进入了信息化教育时代，人们开始探索多媒体和教育的关系。人们对多媒体的利用打破了传统教育的局限性，并且创造性地提出了新的教育模式。至此，媒体资源在教育资源中的地位也变得越来越重要。

2. **导入资源的具体运用**

生活在信息爆炸的时代，学会对信息资源的处理十分必要。搜集信息、筛选信息、辨析信息是高中生所要掌握的重要能力。在众多导入资源中，课堂教学资源主要使用的是教科书。而课外资源中，主要是来自互联网的信息以及传统的经典书籍。为了能够更好地发挥教学效果，教师需要对教材进行再处理。教师的再处理不仅能体现教师的专业素养，更能够符合学情需求，具体如下：

（1）整合。整合是一种非常重要的能力，通过整合可以让已有的知识得到合理的运用与编排，从而获得新的认知。在有限的教学资源内，教师如果善于整合，会给学生带来不同的体验。整合无处不在，在"导入"教学环节中，整合主要是将教材内容按照不同的维度重新进行整理。进行整合的角度有很多种，常见的有按照体裁整合、按照主题整合、按照作者整合，如把相同作者的文章整合在一起，便于学生知人论世。

（2）对比。对比是通过对两种有某种共同性质的事物进行比较，同中求异，学会迁移，灵活运用知识。相对于"整合"这种方式而言，"对比"的张力更大。"对比"的好处是使学生对于平淡无奇的课文产生强烈的好奇心，其也是继"整合"方法之后，能够让有限的教材内容发挥无限潜能的方法之一。更重要的是，它符合学生的心理发展规律，有利于培养学生的观察能力和创新能力。

3. **导入资源对课堂实践的启示**

导入的资源要素，是导入教学中的重要部分，是导入的主要支撑。导入资源要素的原则也决定了导入方式的变化。因此，在课堂上主要呈现三种形式：①介题导入。介题导入指的就是通过介绍题目导入课文。介绍题目也并非仅仅是为了"导入"新课，更多的是通过题目来了解文章的主旨，或者是能够清晰地呈现一个知识点。介题导入不仅可以快速帮助学生进入学习状态，还可以帮助学生高效参与课堂学习，提高学生的学习效率，促进语文课堂有效教学系统的构建。②作者生平导入。作者生平导入就是教师或学生通过作者的背景来导入新课，主要是作者的生平、写作风格、经历事迹等方面。③写作背景导入。如果说作者介绍是"知人论世"，那么写作背景就表现了白居易的主张，即"文章合为时而著"。了解写作背后的故事，就更能够深刻地揭示文章所要传达的思想。写作背景介绍同时也增加了作品的多重解读。

## 四、高中语文课堂中有效导入的原则

教学原则是有效地进行教学工作必须遵循的基础要求。纵观整个教育史，教学原则是人类宝贵的财富，在时代发展中，不断从不同的角度来思考这一最基本的问题。同样，导入教学原则也遵循着这一最基本的要求，立足根本，紧跟时代的发展。导入教学的原则由简洁性、趣味性、多样性、审美性、整体性等系统构成。

导入语作为导入不可或缺的重要组成部分，其原则也十分重要。语言类学科导入语要遵循以下原则：贴近学生的生活、设置悬念、激起兴趣、富有文采、逻辑清晰等。为了能够更好地了解导入的形式策略，使之更加科学合理地运用于语文教学实践中，就需要遵循其原则。

### （一）简洁性原则

导入环节的设计应具备简洁性，例如，在戏剧之中，一句简单的台词就可以流传千古，可见，简洁之中往往蕴含强大的力量与深意。同样，简洁是导入教学原则的首要条件。简洁性具有两个方面的含义，一是导入语言需要简洁。语文课需要展现的是语言的简洁之美，冗长的语言可能会让学生丧失兴趣，失去重点。二是导入形式要简洁。在课堂上，经常会出现"乱花渐欲迷人眼"的状况，多种形式杂糅，不能达到良好的效果。在教学过程中贯穿简洁性的基本要求，教师就要做到以下两点：①导入时间不宜过长。导入时间一般为3~5分钟比较恰当，时间过长会让学生抓不住重点，并且丧失兴趣。②导入语必须简洁。语文是具有人文性与工具性的一门学科。语言是人们交流的工具，同时也具有审美功能。因此，如何做到使用与审美相结合是语文教师必须认真考虑的，同时也是语文课堂的特色之处，导入语更能体现语文教师对于语言的把握能力，若两者不能兼得，简洁就显得尤为重要。

随着多媒体的出现，教学形式也日益多样化，但也出现了许多问题，如导入无目标、无学生、无课本等。所以，导入形式需要有针对性。

### （二）趣味性原则

学习是一个学习者自觉接受的过程。在教学过程中，教师首先要激发学生对学习的兴趣。学习兴趣的培养是一种长期有效的内在驱动，要培养学生内在驱动型学习动力，最有效的办法就是通过外在行为刺激来使学生产生自主自觉学习的意识。

"导入"就是一种教师对学生施行外在行为刺激的环节。一节课开始的几分钟内迅速吸引学生的注意力，才能在以后的学习时间里事半功倍。若要体现"导入"的趣味性，教师可以从以下两方面着手：①内容方面要做到知趣知味。"趣味性"重在一个"趣"字，这种"趣味性"并不是一般所说的"娱乐性"，语文教学中的"趣味性"更突出的是对教学内容的深入理解，挖掘文本内容的深层含义。②形式方面要做到与时俱进、择优而取。在互联网时代，多媒体的广泛应用使人们的生活变得丰富多彩，更加自由与便捷。在多变的时代，教学也应与时俱进。教师将多媒体引入教学，可使学生享受更好的资源，调研结果也同样表明，学生更青睐于多媒体教学。

## （三）多样性原则

多样性是生命活力的体现。历来有许多教师为教育事业奉献自己的智慧，探索教学的多样化。"导入"教学同样要通过发掘多样化的形式来保证其活力。课堂"导入"的多样化是由课程的性质差异和课程内容差异决定的。按照性质划分，语文课程有文本解读课、复习课、实践活动课等多种课型，每个课型的要求不一样导致了"导入"的变化。而课程的内容也是复杂多变的，按照课本内容而言，不同题材或体裁的文章需要按照不同的"导入"形式来对待。要做到导入的"多样性"，教师需要熟练地掌握相应的教学技巧，做到"因课制宜"。

## （四）审美性原则

语文是具有审美功能的一门学科，这就决定了语文教学环节要具有审美性，让学生能够在美的环境中受到熏陶。例如，朱光潜先生在《谈美》中曾指出，美的三种态度为实用的、科学的、美感的，这三种态度也是三种境界，这三种态度在语文"导入"教学过程中取决于教师本身以及教学环境这两个方面。首先，在语文学习过程中，语文教师自身的修养极为重要，这决定了在教学内容的呈现上处于哪一个教学境界。其次，通过营造外部教学环境，弥补教师自身的不足之处，展现课堂美感。

## （五）整体性原则

"导入"的整体性是指，"导入"并非孤立在整节课之外，它与其他环节遥相呼应，彼此作用。但在教学实践中，教师经常忽视导入的存在。例如，教师说完"同学们，把书翻到××页，我们接着上节课继续学习"之后，就结束导入。这样简单的导入，没有体现导入应有的作用，更没有体现导入的整体性原则。要体现整体性原则，教师在教学过程中应注意两点：①教师需要对课本进行深入了解，提高自己的文本解读能力，同时能够对教学内容进行整合。充分了解教学内容有利于教师提出核心的主题，明确教学目标；有利于教学过程如行云流水般，一气呵成，教学中每个阶段的升华都是水到渠成的。②对于导入形式，根据需要，恰当选择，与其他环节之间的衔接要做到自然过渡。这种过渡可以是内容上的呼应，也可以是问题"导入"，以问答形式贯穿始终。

## 五、高中语文课堂中有效导入的设计

有效语文教学系统教学理论强调学生的整体发展，侧重具有丰富生活经验的、具有开放性和全局性的、具有学生思维过程的知识观念，提倡开放、积极、具有创造性和实践性的学习观念。教师的角色由知识的传授者向教学的促进者转化。有效教学的核心是学生的优质发展，由此对课堂导入也提出了更高的要求。教师要尽量追求课堂上各个环节的"有效"。一堂课的导入是教学过程中的首要环节，应受到教师的重视。因此，从以下两方面对高中语文课堂有效导入的实践体系进行研究，以期让有效导入更好地发挥自身作用。

### （一）有效导入的设计方向

当前的课堂导入，大部分是有意识或无意识地围绕有效教学进行设计。语文教学过程中的有效导入应满足以下五个方向：

#### 1. 导向教学

导入，是为了在学生和新的教学内容间产生有形或无形的联系，从而顺利地进入课堂教学，促进整个教学的推进，这是其最根本的目的。所以，在导入设计上，必须考虑其与教学的相适应性，不能仅仅为了追求内容的趣味性、形式的多样性或环节的完整性等而忽略其最根本的目的，本末倒置，为了导入而导入，结果必定适得其反。有效导入则要求立足学情，围绕教学内容有针对性地进行导入，即导入的方式、选材、时间长短等都要根据学生的情况和教学的具体内容灵活展开。总而言之，导入的一切内容和环节都应当紧扣教学目标，为教学服务。

#### 2. 导向生活

有效教学理论的知识观强调日常生活经验、直接经验的价值，提倡"回归生活世界""课程即生活"。所以，语文教学既要注重对课堂内书本间接经验的学习，又要注重对日常生活经验和直接经验的体验学习。因此，在有效导入中要注重与日常生活经验的结合，既能丰富学生的知识，又提高了生活的质量，使得课堂与学生生活成为一个联系的整体，教师的教学引导学生在生活中潜移默化地学习。所以，在语文课堂有效导入的实践中，教师应适时结合学生的日常生活经验和个人直接经验，借助学生对日常生活的主体体验来更好地导出教学内容。

### 3. 导向兴趣

有效学习理论主张学生学习的自主与自觉性。这就要求学生有非常大的学习兴趣，所以教师在课堂教学中要注重趣味性，以便引起学生的关注。导入作为课堂的初始环节，更应该注重趣味性，要在课堂伊始牢牢地抓住学生的兴趣。所以，在语文教学的有效导入课堂实践中，教师应对学生的兴趣加以关注，结合学生的特点，选择适宜的材料，用以吸引学生的注意力，在导入的方式上，应结合教学内容适当变化，运用导入策略，实现多种方式灵活运用。

### 4. 导向能力

有效教学理论注重目标整合的整体发展观，着眼终身发展，面向未来的、可持续的发展，强调发展的后劲和潜力，所以学习的能力显得尤为重要。语文学习的一个重要途径就是在语文的学习课堂上。因而语文教学还担负着为学生的终身学习奠基的使命，发展学生的终身学习力是语文有效教学的核心，它要求语文教师在课堂上尽快实现从基础教学的完成到有效教学的转变。学生在学校的学习时间是有限的，那么在这个有限的时间内，教师就要致力于发展学生独立自主的学习能力。在语文课堂导入过程中，教师不仅仅只是引出当堂课的教学内容，更要注重对学生自主学习能力的培养，让学生知其然并且知其所以然，获得属于自己的学习方法。

### 5. 导向体验

语文学科承载着东西方的文化知识，既包含了五千年来劳动人民的思想、智慧，还蕴含着世界各个国家的劳动人民对世界的感悟与总结。这些都是人类的宝贵财富，是人类努力奋斗、创造美好生活的源源不断的动力。我们要不断传承并发展这些珍贵的财富。那么这就需要我们不断在真实体验中去感受。有效教学理论不仅主张内在主动性与生成性的发展，还强调要侧重学生的体验式学习，因此有效的课堂导入就是要引导学生不断地深入文本，形成深刻的自我体验，在体验的过程中陶冶情操，得到相应的启发，形成自己的独特体验。

总而言之，有效的语文教学致力于培养学生独立自主的终身学习能力。不论是生活的实践经验还是学生学习的积极主动性、方法、态度、价值观都与他一生的学习息息相关，作为课堂教学过程中的第一环节——导入，就是使学生重视这些部分的好时机。所以，加强对导入环节的重视对教学效率的提高有重大的价值。

（二）有效导入的设计要求

### 1. 引发认知冲突

矛盾是推动事物发展变化的根本动力，所以矛盾也可以促进学生的积极学习。学生在学习新知识前，心理上应该处于一种平衡状态。而当新知识与旧知识内容或结构出现冲突时，原有的平衡心理将会被打破，认知的冲突也随之产生，学生的心理就会失去平衡。学生为了恢复原有的心理平衡状态，就会发自内心地产生解决问题的需要，而学习则是重建心理平衡的最佳途径。

在学习过程中，认知冲突的产生可以分为主动和被动两种情形。当这种冲突如上文所言，是学生发自内心自动生成的，那么学生的失衡感就会非常强烈，会促使学生想尽各种方法缓解自己内心的这种失衡感，再次回到平衡状态。而在这种寻求平衡的过程中，学生得到学习能力的提升。反之，如果是在外力作用下才产生的心理失衡，学生就会处在一种被驱使、强迫的消极心理状态中，学习兴趣较低，甚至产生厌学情绪。在语文名师的课堂导入中会注意避免学生被动失衡的消极状态，想方设法去引发学生主动地认知冲突，并对其合理充分地利用，从而激发、维持学生的求知欲。

### 2. 唤起阅读等待

任何一位学生在阅读作品之前，都处在一种先在理解或者先在知识的状态，没有这种先在理解或者先在知识，任何新事物都不可能为经验所接受，这种先在理解就是期待视野，这种阅读期待，对于学习动机的激发，促使学生带着兴趣、忘我地投入学习中去极为有效。在语文教学过程中，不能奢望学生在学习之初就产生强烈的学习动机，而应该是一个循序渐进的过程，在课堂教学活动中逐步地去培养、激发内在动机。在实际的教学工作中，也不可能完全凭借学生的内在动机来进行学习，完全忽视教师或外部环境的强化作用。因此，在语文课堂有效导入的实践中，应该把学生的内在动机与外在力量结合起来，以促进学生内在学习动机的培养和发展。而阅读期待的激发则要通过外在力量来唤起，再由内在动机来推动他们的学习。而施加这个外在力量的最佳时机便是导入阶段。

### 3. 重视课堂造境

学生学习语文不仅仅局限于课堂之内，在课堂之外的生活也是语文学习的一条重要途径，他们之间既互相影响又互相补充。课堂中的情境教学法可以最大限度地弥补课堂上言语情境被弱化的缺陷。情境教学就是教师依据教学内容、目标、重难点让学生处于类似真实的场景里，使其中的教育因素对学生产生相应的影响。其优点在于可以让学生在潜移默化中受到相应的教育。有效的语文课堂导入不仅是教学内容的引入，也是师生思想沟通、情感共鸣的过程。重视学生的情感体验，教师在导入中要饱含深情，还应该态度积极。否则，再华丽精美的语言也无法调动起激情、感染学生的心灵。

首先，表达方式上，要引起学生的注意和参与，语文教师在课堂教学导入语的情感表达应当结合教学的实际需要。内容不同，情调不同，叙述时应从容不迫，娓娓道来；抒情时应真情实感，发自肺腑；说明时应言简意赅，贴切明了；说理时应逻辑严密，条理清晰。情感不同，方式不同，表达喜爱之情时，要气缓声柔；表达憎恨厌恶之情时，要气足声硬；表达悲伤之情时，要气沉声缓；表达愉悦之情时，要气满、声亮等。

其次，具体内容上，教师在导入语中要注重唤起学生的情感，在选取导入材料、确定切入点时应注意与学生的相适应性。学生熟悉的内容、体验过的经历、思考过的问题等更容易引起共鸣，再加上语言的渲染、引导，能不断强化学生的情感体验。

### 4. 关注学生主体

在教学过程中突出体现学生的主体地位是新课程改革中许多教师比较重视的事情，但是在真正的教学实践中操作却比较困难。教学名师的课程就非常值得我们借鉴，他们从导入环节开始就注重对学生主体性地位的体现。在一堂课的教学过程中，学生不是稳定不变的"一张白纸"，他们的原有认知基础、学习能力的差异、对学习内容的了解程度都或多或少地影响着一堂课的教学效果。这就要求教师要十分了解和熟悉自己的学生，对接下来的教学环节不断进行调节，以求教学效果的最优化。教师在导入时询问学生的预习时间就可以了解学生对所学内容的了解程度。在此基础上对学生预习的情况进行情感关照，接下来还要仔细地了解学生对文本的感受、建议等。不仅要充分给予学生话语权，尊重他们的主体地位，而且要使学生的思考角度更加广泛。

### 5. 着眼于学生未来

好的教育能够撑起学生幸福的未来，这是教育工作者坚守的信念。对于人类社会来说，教育带给人们的不单单是本能的生存和生命，更重要的是一个人不断发展的未来、为社会所能带来的价值，以及对自由和美好生活的期待与追求。简而言之，高中语文课堂教学的立足点不单是为了学生当前的兴趣和启发，更是为了学生未来的成长和发展。所以，有效的语文课堂教学导入语也应该引导学生超越现实，放眼未来，体现出对生命价值和存在意义的根本关怀。

综上所述，一堂课中要落实学生的主体地位，不是光靠课堂教学过程中的某几个精心设计的"出彩"环节就行，而是从课堂的导入环节起就要重视。这些有效的导入环节设计各有各的特点，有的是以文本的内容为中心与学生进行真挚的对话交流，让学生说出自己心之所想，使师生之间的交流更加深入与充分；有的直接让学生说出自己关于文本的观点，激励学生勇于发表自己的观点；有的激励学生使用各种各样的方法解决学习中的问题，从而完成课堂任务。这些方式多样的导入为学生快速进入教学内容提供了最有效的途径，也最大限度上尊重了学生在教学过程中的主体地位。

一个优质高效的课堂导入必须建立在教师对一堂课的内容、教学目标、教学重点都非常明确的基础之上。在这个前提下再选择相应的导入角度，确定合适的导入方法。

## 六、高中语文有效导入的策略

高中语文教学并不是一成不变的知识灌输，而是利用教学道具和学生感兴趣的教学方式，提高课堂教学效率，并建立语文课堂有效教学系统。

### （一）注重课堂本身

课堂上积极有效的师生言语互动，有利于达成多维立体教学目标，并促进师生的共同发展。在课堂教学中，教师要以学生为主体，使学生积极参与到课堂言语互动行为中来，促进学生的全面发展。课堂教学是教育中最主要的形式，直接影响着学生的成长与发展。而言语行为又是课堂教学的主要方式，对学生知识的掌握与能力的培养起到了重要作用。师生双方有效的言语互动能够激发学生的思维、培养学生的兴趣，引导学生主动建构知识体系。

课堂永远是语文教学的主战场，也是学生提高语文学习能力最主要的学习地点。如果把语文学习比作一场登山运动，那么语文课堂教学就是学生攀上文学顶峰的必经之路。因此，课堂教学不仅可以帮助学生掌握语文知识的学习方法，还可以建立学生的语文学习系统，同时还可以有效进行师生互动和生生互动，使学生不仅可以在课堂学习过程中收获语文知识，还可以在交流过程中收获新鲜的观点与看法，这对于提高学生的综合文学素养、拓宽眼界都能起到巨大的积极作用。

因此，在语文课堂教学过程中，教师应该从教学内容、课堂氛围和师生互动三个方面进行安排。很多教师着重将教学注意力放在课堂内容安排上，却忽略了师生互动环节的课堂安排。其实，这是不妥的。因为课堂内容的安排属于知识性的内容安排，而课堂氛围和师生互动则是学习情感方面的内容安排，只有当学生在良好的师生互动中感受到和谐的课堂氛围，进而积极参与到课堂教学内容的学习过程中，才能收获良好的学习效果。

### 1. 以教材重点为教学重点

在高中语文教学过程中，教师必须结合最新的课程标准来综合把握语文教材中的重点知识，并在教学过程中有的放矢，重点讲述课本中的重难点知识，对于较为简单的知识可以一带而过或减少教学时间。同时，对于教材的充分把握可以帮助教师开展有效课堂教学活动，使教师的教和学生的学都可以收到较好的效果。

高中语文教材中的重点主要存在于字词、古代文学重点语句或段落、现当代文学主旨把握等方面，这三个方面都是语文教材中的重点知识，也是需要教师在课堂教学过程中重点讲述的学习内容。同时，如果教师在语文课堂上注重培养学生这三个方面的知识掌握能力，对于构建有效教学系统是十分有利的。

（1）字词。字词是语文学习的基础，也是高中学习阶段容易被学生忽略的基础知识。很多学生往往认为经过多年的学习积累，自己对于字词等基础知识的掌握已经相当牢靠和丰富，殊不知正是由于大意才导致考试过程中基础题的错误。换言之，将字词等知识作为语文学习的重点，并不是因为难度，而是因为重要性。字词类知识不仅是语文学习的基础，也是考试过程中基础题的出题方向。

（2）古代文学重点语句或段落。古代文学重点语句或段落是高中语文教材中的重点之一，因此在教学过程中，教师往往要求学生背诵古文段落或全篇文章。教师应该帮助学生明白重点语句的含义，并了解古文创作的时代背景和作者生平，以期帮助学生在理解的基础上进行古文记忆。古代文学知识的获取对于培养学生的语文综合素养是十分重要的，也是高中语文有效教学系统构建过程中的重要组成部分。

（3）现当代文学主旨把握。现当代文学不同于古代文学的晦涩难懂，是学生易于接受的学习内容。现代文作为考试阅读过程中的重点题材，学生却往往存在"会而不对""对而不全"的语文解题障碍，这主要是因为在日常教学过程中，教师不注重培养学生寻找文章主旨的原因。教师应该注重培养学生寻找文章主旨和作者创作目的的学习能力，帮助学生通过阅读全文、寻找重点语句和段落等方式来提升自己的文章主旨总结能力，并在后续的语文学习或应试过程中，积极发挥自己的总结能力，这对于提高学生的阅读能力可以起到重要的推动作用。

通过上述三个方面的语文教材重点内容的梳理，教师就可以在日常教学过程中注重培养学生的相应能力，并以此构建和完善语文教学过程中的有效教学系统。

### 2. 培养良好的课堂氛围

良好的课堂氛围是语文课堂教学中重要的教学效果保障，也是提高学生课堂参与度的重要教学环境。良好的课堂氛围可以促进学生的积极参与和用心学习。良好的课堂氛围的构建主要由三个方面组成，即教师良好的教学心态、合适的教学方式以及丰富多样的教学活动。

教师作为语文教学的引导者、组织者，理应承担良好课堂氛围构建的重大责任。教师在教学过程中，必须充分考虑从教学设计到教学结束的整个过程，建构良好的课堂氛围。要使教学设计更为合理、教学效果更加明显，教师首先要在教学过程中秉持积极的教学心态。积极的教学心态不仅包括教师和蔼可亲的教学态度，还包括在教学过程中全身心投入的状态。

此外，在实际教学过程中，学生十分容易被教师的课堂教学态度所影响，如果教师的态度可亲，学生会受到积极影响，在接下来的学习过程中积极参与、用心思考。但是，如果教师将生活中的不良情绪带入语文课堂教学中，那么学生就很容易受到教师情绪的不良影响，不能集中注意力去听讲，并逃避教师的不良情绪。

因此，教师需要在教学过程中以专业的态度去对待教学工作，以热情和平和的心态进行语文教学，并帮助学生在学习过程中同步建立良好的学习心态。同时，教师在课堂教学过程中切忌一心二用，而应该专注于语文教学，并以专注的态度带领学生梳理知识和进行学习。因为，与教师的教学态度一样，教师在教学过程中专心致志也是可以影响学生的，可以帮助学生建立正确的学习态度，使学生在独立进行语文学习的过程中可以全心投入。

### 3. 建立和谐的师生互动

师生之间进行言语互动交流是课堂上师生进行交往的主要形式。师生言语互动的深度和广度直接影响教学效果的好坏。课堂上知识的传递、情感的表达、教学目标的达成都离不开师生之间积极的言语互动。教师的引导、学生主体性的发挥都依靠言语交流来实现。因此，提高师生言语互动的质量对提升课堂效率、促进学生的全面发展、培养学生的核心素养起着至关重要的作用。为学生设计教育，为学生设计课程，为学生设计语言，是最朴素的教育观。课堂教学中的师生言语互动并不是纯粹的信息交换，而应该发挥其更巨大的作用和力量。

如今，高中语文课堂上的师生言语互动行为正在由"教师主动-学生被动"的课堂言语互动模式向"教师引导-学生主动"的双向师生言语互动模式转变。未来的高中语文课堂将成为以学生为主体，师生积极互动、共同发展的舞台。

但是，纵观当前的语文课堂，师生言语互动还存在一系列不利于学生发展的问题。有很多时候，教师为了达到教学目标而过分侧重于向学生传授知识，课堂气氛沉闷，教师讲授得过多，导致学生说话少，因此无法调动学生的积极性，言语互动大多都是教师提问、学生回答的单向言语流动，提出的问题都是封闭性的、缺乏思考的问题，很少会有学生主动发问，提出自己的观点与见解，学生的主动言语相对较少。除此之外，教师的课堂评价方式单一，评价语言不够丰富，忽略了对学生课堂上的形成性评价，学生课堂表达的积极性受到抑制。在这种情况下，容易忽视学生主动思考的能力，无法激发学生的学习兴趣和发展他们的思维。

作为教师，应该打破这种陈旧的教学模式，在师生互动中引导学生主动参与，尊重学生的主体地位，促进学生的全面发展。建立和谐的师生互动可以起到以下作用：

（1）能够激发学生的学习兴趣。教育心理学指出，学生自觉学习的动力是靠学习兴趣来维持的。师生言语互动的意义在于构建良好的教学互动氛围，促使学生主动自发地参与学习、探究、知识建构，形成学生学习的内驱力。有了兴趣，学生可以更加积极主动地与教师进行言语互动，促进师生关系的和谐发展。同时，和谐融洽的师生关系亦能更大程度地激发学生的学习兴趣，形成良性循环。

针对枯燥范围的教学内容，教师可以通过言语互动为课堂注入活力，将学科知识的奥秘与特点展现给学生，引导学生专注地对新知识进行思考；将枯燥的知识转变为生动的内容，引发学生学习探究的欲望；通过游戏与真实情境，让学生融入课堂；采用独特的教学方式，用艺术性的语言调动学生的积极性，维持学生的学习兴趣与热度。

（2）可以提高教学质量。课堂教学是以学生为主体，强调以学生的"学"为主的学习活动，课堂上通过师生互动这种教学模式，可以改变传统的以教师的"教"为主的"填鸭式"教学模式，尊重学生的主体地位，变被动学习为学生的主动学习，使学生真正成为学习的主人。

在教师有效的言语引导下，学生自我建构新知识。教师只是担当指导者和引导者的角色，为学生答疑解惑，使学生掌握良好的学习策略。把课堂真正地还给学生，师生之间能够建立一种平等与尊重的关系，拉近了师生之间的距离，并且能够营造一种良好的、和谐的课堂学习氛围。在这样的师生言语互动式的环境影响下，学生的潜能可以得到最大限度的开发。并且，在发展学生的知识与技能的同时，语文课堂的教学质量也会得到显著提高。

（3）可以改善师生关系。良好的师生关系主要是在课堂活动中培养和发展的，而高效的课堂教学能够帮助师生建立一种相互信赖的师生关系，提高学生对教师的认同度和教师的可信度。课堂上教师认真组织教学以及与学生保持愉快和谐的言语互动都能激发学生的学习积极性，使学生主动思考、积极获取知识，达到良好的教学效果，促进学生的全面发展。教师对学生来说更值得尊重与信赖，教师的认可能够提高学生的自信心与归属感。学生也更加愿意跟教师亲近，拉近彼此的距离，建立更稳定和谐的师生关系。教师课堂上鼓励性的、关爱的话语会使学生更加自信，在这种外驱力的促使下，学生将更加热爱学习与生活，同时以尊敬和爱戴回报教师。学生对教师的信赖与认同也会激发教师强烈的责任意识，在教学上更加精益求精。

综上所述，课堂上师生之间融洽有效的言语互动能锻炼学生的思维，激发学生的学习热情，引导他们主动学习、积极探究，从而全面发展。

## （二）选择合适的教学模式

教学模式是指在一定的教学思想和教学理论的指导下建立起来的多种类型教学活动的基本结构或框架，也是程序化表现教学过程中的理论体系。可见，教学模式的选择对教师的语文教学而言是十分重要的，可以直接影响教师的授课方式以及学生的课堂接受程度，因此教师在选择教学模式时，必须紧密结合语文课程，并将学生的接受程度作为重要考量对象。同时，教学模式是多种多样的，教师必须结合语文课程的实际内容，选取最合适的语文教学模式并加以开展。需要注意的是，如果教学模式的选取不合适，则会导致课堂教学推进困难、学生无法集中注意力等情况的发生。因此，教师应该结合课程与学生的兴趣、接受程度等，选取最合适的课堂教学模式来加以应用。因此，在语文教学过程中可以使用以下教学模式：

### 1. 探究式教学模式

探究式教学是学生在教师设置的情境中，在教师的指导下，以主动的态度去探索问题，进而获得新知识的一种教学模式。学生通过参与探究活动，可以自主获得知识与技能，同时发展探索精神、培养创新能力、提升综合素质等。探究式教学模式能弥补传统教学模式的不足，在提升学生综合素质方面起到积极的促进作用。

探究式教学模式以教师提出教学问题为开端，进而伴随着学生的答案假设和推理、验证来获取知识，最终由教师进行知识的总结和提炼。这种教学模式可以帮助学生建立探究精神，使学生具备自主探究知识的能力，并在探究过程中收获语文知识，构建课堂有效教学系统。语文课堂上探究式教学模式的基本流程及指导原则具体如下：

（1）探究式教学模式的基本流程

第一，创设情境，提出问题。在创设情境时，尽量不要直接用教材的情境或数据，防止学生提前看课本而形成定式，难以发散思维。同时，教师在探究式教学模式中创设的情境需要结合课程展开，并能激发学生的学习和参与兴趣。

第二，学生独立思考，尝试解决问题。学生自己思考，尝试解答问题。教师巡视，了解学生的解法及思维状态，并对其给予相应的指导。在这一学习阶段，学生不仅可以通过独立思考得出课文中的主旨，还需要结合课后问题进行知识的总结和探究。对探究式教学模式而言，这一学习步骤是最为重要的，也是探究式教学优势的集中体现。同时，学生还可以在思考过程中进行推理和怀疑，并用辩证的思维进行知识判断，最终学生将通过知识验证，获得问题正确的答案，同时有些问题将会得到妥善解决。

第三，汇报交流解决方法。不同解法的学生代表进行汇报交流，在这一阶段，学生可以结合自己通过探究和独立思考验证的语文知识经验进行知识分享和交流。这一学习过程可以开拓学生的语文思维，帮助学生建立多种语文思考角度，拓宽学生的语文思考范围。

第四，梳理提炼知识点。教师对学生的汇报内容进行梳理，同时将重难点突出。本学习环节可以由教师重点主持和把握，使学生在教师的帮助下实现知识的梳理和提炼。

第五，课堂练习及检测。一般而言，探究的时间较长，所以做练习的时间相对不多。因此，需要教师精心选择一些典型的题目进行练习。教师可以选取有代表性的问题对学生进行提问，还可以选取课文中的基础知识进行检测，使学生在把握语文课文主旨的同时，还能掌握细节知识与基础知识。

第六，课堂总结。学生可以总结本节课学到的知识，讲述在探究过程中的想法和感悟。同时，教师要适时帮助学生进行知识总结和学习效果评判，以便在下次的学习过程中提高学习与课堂探究效率。

（2）探究式教学模式的基本原则

第一，教师应该预留给学生充分的思考时间，学生先自己思考，再交换意见进行讨论，学生思考和实践体验的时间要充足。目前，小组合作和讨论是比较流行的学习方法之一。此外，小组合作和小组讨论不能随意进行，它们有出现的时机，即学生的想法独立、思考成熟之后。否则，学生没有思考成熟就听取别人的意见，容易受到他人观点的影响，难以形成自己的想法，甚至影响思考的深度和广度。学生有充足的时间思索，思考才能深入，才能进入探究的状态。

第二，教师应安排学生亲身经历探究与思考的过程。教师在指导学生时，不用急着下结论，也不要否定学生，要信任学生，下放教育权力，使学生在实践中发现自己的错误，并进行相应的调整。在指导学生实践时，"试试吧"是对学生最大的尊重与鼓励。个人体验的收获大于被告知的收获。有时学生的某些想法难以实行，教师鼓励学生尝试后，学生会发现想法的不可行性和问题所在，并试图换一个可行的方法。这样做既能保护学生的自尊，又能保护学生探究的积极性。教师在指导学生探究时，不要急于评判，给学生充分的时间，让学生经历探究的过程，学生会在这个过程中收获很多。

第三，教师应灵活运用指导技巧。首先，教师可以通过提问或追问的方式引导学生思考。学生在探究时，有时会想法模糊、表达不清楚或表述过于概括，这时就需要教师通过追问，将学生的想法一步步地具体化。其次，以遇到的困难为切入点解决难题，支持学生将探究进行下去。最后，教师可以提示学生随时记录想法及探究过程，为汇报和探究报告做好准备。一般而言，学生在做汇报或写探究报告时遇到的学习问题主要有两个：一个是说得或写得太过简略，三言两语就概括了整个探究过程；另一个是表述不清。所以，教师要在探究之初就提示学生随时做好记录，将探究过程中闪现出的每一个想法与做法都详细记录下来，这样在做汇报或写探究报告时才有素材。对于仍不能将探究过程介绍具体的学生，可进行提示，如某一想法是怎样想出来的、为何改变想法、某一环节是怎么操作的等；对于表述不清的学生，最好的方法是直接指出表述不清的语句，让学生解释说明其本意，同时让学生体会表述不清与表述清楚的差别。

探究式教学模式可以使学生沉浸于知识的探究过程中，通过积极思考和验证来完成语文知识的掌握。因此，教师应该结合课堂教学内容来执行探究式教学模式，使学生掌握语文探究的方式方法，将这种学习模式积极应用在语文知识学习的过程中，并以此来提升学生语文学习的有效性。

### 2. 抛锚式教学模式

随着建构主义思潮的广泛影响及其教学研究的不断深入，抛锚式教学模式吸引了越来越多人的目光。在中国知网上搜索国内关于抛锚式教学的文章，其中大致从理论研究和教学实践这两个方面进行阐述。理论研究探讨的是关于这种教学模式的简介，适用性和可行性的分析探讨、抛锚式教学与支架式教学和随机进入式教学的并列简述。教学实践则是在高中教育教学过程中将抛锚式教学运用于生物、数学、语文、化学、信息等科目的教学过程中。

抛锚式教学指教育教学工作者在进行教学时创设了真实或贴近学生生活实际的情境，想要学生解决的问题就隐藏在这样的情境中，通过各种学习方式，最终达到收获新知和锻炼各种能力的一种教学模式。在这个学习过程中，主要的学习方式是学生的自主学习，把自主学习能力定义为"学习者对自己的学习负责的能力"。在创设情境中所说的问题是个模糊的问题，也就是一个宏问题，然后在教师的引导帮助下确定本节课要解决的子问题，人们把这个过程称为"抛锚"。"锚"一旦固定下来，整个教学内容也就确定了。就像一艘船，锚一确定，整个船就稳定了。

抛锚式教学最鲜明的特点是创设一个真实的教学情境，使本节课要解决的问题产生于这样的真实情境，而不是为了学习而学习。随后在教师的引导下，师生共同确定本节课要解决的一个个小问题，学生通过各种学习方式来解决问题，最后师生共同总结、反思、评价。在整个过程中，学生亲身体验从识别问题到提出问题再到解决问题的过程。通过这样的学习过程，一方面学生学到的知识都是自主建构的；另一方面学生能把所掌握的知识迁移到日常生活的真实事件中。抛锚式教学是使学生适应日常生活，学会独立识别问题、提出问题、解决真实问题的一个重要方法。

（1）设锚。设锚是指在语文教学活动开始前，教师的教学筹备工作。在这一阶段的教学工作进行中，教师应该结合语文课程来创设情境。抛锚式教学的开展是建立在一个预设好的真实的问题情境上的。锚的设定是抛锚式教学模式的首要环节，学习中的问题不是直接呈现的，而是蕴含在特定的情境中，此模式强调的情境往往与日常生活现象、实事或需要解决的问题密切相关，并以此作为学生调查和探究的出发点。同时，这种情境创设教学活动的开展可以帮助学生建立基础的知识认知，也可以帮助学生完成课本知识的迁移。设锚是抛锚式教学模式的第一个步骤，也是吸引学生进入语文学习过程的重要步骤。因此，教师应该积极发挥各种教学工具的作用，通过不同的教学手段来增加学生关于情境创设的兴趣和接受程度，使学生积极投入教师创设的情境中去，并从中建立对语文知识学习的热情和兴趣。

（2）抛锚。抛锚这一教学过程是指在情境创设中进行问题的界定，也就是确定师生共同合作、积极探讨并最终确定要解决的问题。这就需要教师在创设情境后引导学生确定问题，并结合问题进行具体分析。抛锚作为抛锚式教学法的第二个步骤，是教师提出和确定问题的步骤。可见，只有教师将学习问题界定和设立出来，才能保证学生的语文学习充分围绕着"抛锚"的问题而展开。因此，教师应该及时帮助学生提供问题的界定，并引导学生在确定的问题中积极分析问题。在抛锚式教学模式中，"抛锚"可谓教师为学生提供教学帮助的重要学习阶段。因为，教师需要借助设锚阶段的情境创设来帮助学生积极抛出问题，并让学生在情境中围绕着问题进行分析。

（3）解锚。解锚的含义是解决问题，也就是在教师的教学引导下，学生通过各种学习方式，最终解决语文学习过程中的问题，对所学的知识形成结构体系并实现知识的迁移。解锚的最理想状态是能够促进学生知识的迁移，迁移是在一种情境中参与一种活动的学习能够影响其在新情境中参与另一活动的能力。同时，教师引导学生进行学习成果展示，师生共同总结，形成一个相对完整的抛锚式学习结论。由此可见，解锚的重点不仅仅是对问题的最优解答，而是将解答语文问题的能力进行总结和提升，并将这种解答能力上升到一种理论和系统的高度，以便在日后面对相关和相近的语文知识和问题时，可以借助迁移而来的问题解答经验来得出问题的最优解答。因此，教师应该注重这一学习阶段学生总结和概括学习经验的过程，并帮助学生建立完整的语文知识解答系统，以便提高学生的语文学习能力。

（4）起锚。起锚的教学重点主要集中在语文教学的反思与评价上。在这个环节中，一方面是引导学生对解决问题过程中存在的不足进行反思，通过反思消化，力争下次能做得更好，无形中也提高了学生的反思能力；另一方面是评价，要以形成性评价为主，也可以结合其他评价，如学生的自评、小组内互评、教师的评价等综合多方面的因素给学生一个相对公平的发展性评价。通过"起锚"后，学生又有了新的知识储备，这些新的知识又成为继续学习的知识基础，然后继续开启下一次新知识的学习。可见，高中语文学习是个螺旋上升的过程，学习过程中不论是基础知识还是学习方法都需要一定量的积累，才能在后续的学习过程中体现出来。

教学反思可以从教师和学生两个角度同时进行，学生只需要针对本课程的抛锚式教学法实施过程中的学习收获进行反思即可，而教师则需要进行完整的教学反思。其中，需要包括但不限于情境创设反思、问题设定反思、学习过程反思、教学成果反思等方面。这种反思不仅可以帮助学生提高语文学习的有效性，还可以促进教师改进教学方法，完善语文课堂教学体系。同时，学生的反思过程可以帮助学生查找课程学习的薄弱环节，并进行有针对性的知识学习和调整。

教学评价主要是指教师对于学生的学习情况进行的评价。教师需要从教学的学习参与和问题解答等方面进行评价。同时，教师还可以让学生进行互相评价，这不仅可以帮助学生提高语文学习水平，还可以帮助学生提升欣赏他人的社交能力，可谓一举两得。

抛锚式教学模式有利于提高学生学习语文知识的兴趣和学习能力。应用抛锚式教学模式能增强学生对语文学习的认知，提高学生的知识掌握能力，促进知识的迁移，提高学习成绩。

### 3. 范例式教学模式

范例教学，是指教师选取蕴含本质要素的典型例子，使学生依靠特殊例子来掌握"一般"，并借助这种"一般"，独立地进行迁移运用。范例教学并不是为了举例子而举例子，而是为了让学生从个别到一般，进而掌握规律性的知识与方法，达到启迪学生思维、培养学生独立思考与解决问题的能力，这种方法可以把传授知识与培养能力融合在一起。

范例教学也被称为"示范性教学""范畴教育"，主要是指教师在语文教学过程中，结合教材与生活中的经典案例来帮助学生掌握语文知识和规律的教学模式。范例教学模式适用于规律性知识的掌握过程，换言之，普通的语文课程几乎应用不到这种教学模式。但是，在语文专项知识练习过程中，这种教学模式就会显示出其教学优势。研究结果表明，范例教学不仅可以提高学生在高三复习课上的兴趣，还能在短期内提升学生的复习效率，并有利于增强学生对知识的迁移能力。

范例教学模式不仅适用于语文作文教学，对于系统化的教学都是十分适用的。在现代文阅读训练或高考基础题目训练过程中，教师可以以范例教学模式来帮助学生梳理知识考查的共同点，这种通过范例进行知识总结的学习方式，可以帮助学生养成良好的系统知识学习习惯，使学生在掌握某一种语文知识的同时，也掌握科学的学习方法和解题方法。同时，范例教学模式还可以通过范例的讲述和罗列来帮助学生进行思维训练。语文思维训练是教育工作必不可少的一项，而要与课堂教学中教师对学生语文综合能力的点拨有机融合在一起。而在语文教学中，教师有没有刻意对学生进行思维训练，培养出来的学生是有显著差别的。如果教师有意识地通过范例来培养学生的语文思维，教学效果以及学生的语文综合能力和语文知识应用能力绝对会有所区别。因为，使用范例来对学生进行教学训练，可以提高学生的思维品质，而且范例教学还可以帮助学生建立创意思维。所谓创意思维其实是一种开创性的实践活动，而创造力的竞争是未来社会竞争的重要组成部分。

创造能力可以分低、中、高三个层次，教学中"低层次的创造能力，指进行对本人来说是前所未有的思维活动或实践活动的能力，像学生解题时的新思路、新方法就是这样"，以便将来为学生具有中、高层次创造能力做准备，更好地步入未来高速变革的社会工作环境。因此，教师应该将范例教学模式积极应用在系统或专题学习过程中，这对于提高语文课堂有效性可以起到重要的推动作用。

### 4. 体验式教学模式

体验式教学模式区别于传统的教学模式，教师不再作为主体而存在，而是让学生变成课堂的主要参与者；不再将教材内容作为语文课堂的教学核心，而是让课堂活动贯穿一节课的始终。体验式教学模式是在教师指导、启发学生在已经掌握的知识的根基上，借助亲身加入、仔细观察、积极参与、切实感悟来对周围事物产生全新的认识，让其自己去感知和领悟新知，并且在现实活动中对所学知识进行验证，从而成为真正自由独立、知情合一、有效创新的"完整的人"的教学方式。

在传统的语文教学过程中，教师往往过分拘泥于课本，不够贴近学生的生活实际，并且高中语文课本中的文章有些与实际生活的距离很远，导致学生在理解过程中存在很多认识上的偏差，同时传统教学模式无法启迪学生深入思考，更加无法升华情感。

因此，提升学生的文学素养，绝不能硬性灌输，而要让学生亲身体验文章表达的情境和情感，也就是要让学生变被动接受为主动体验。另外，教师可以通过自身的教学实践和经验，总结出语文教学过程中的体验式教学模式实施重点。

体验式教学模式的教学重点主要集中在两个部分：第一部分对体验式教学模式进行简单介绍，这部分集中阐释了体验式教学模式的含义和内容；第二部分主要讲述在语文教学过程中体验式教学模式的具体应用措施。在课堂教学中，将表演艺术、口才艺术和多媒体技术等巧妙融合，既避免了传统教学模式的弊端，又提高了课堂效率；在课外实践活动中，借助对学习内容的拓展以及对学生思维的发散等，阐释体验式教学模式在高中语文课中的具体应用以及所发挥的功效。

另外，还可以结合体验式教学模式的应用进行一场教学信息反馈，从学生的学习效果和反馈中得出体验式教学模式的优势和意义。需要注意的是，体验式教学模式的应用并非完美，其实这种教学模式还存在很大的上升空间与不足之处。教师需要结合具体情况具体分析，充分使用体验式教学模式激发学生的学习热情，但同时也尽力规避这种教学模式存在的问题。

因此，要让语文课堂更高效，就要倡导教学形式的丰富多彩。这需要教师做非常充分的准备，使授课内容无形之中丰富起来，学生也会紧紧跟随着教师的教学步骤汲取知识。同时，体验式教学模式要求突出学生的主体地位，根据学生的实际水平和能力，灵活地进行课堂各个环节的设计和教学。所谓"教无定法"，就是指教学过程中可以结合具体情况来进行课堂教学模式的适当更改和演变，但其最终目的都是为了提高学生的学习效果和构建的有效语文教学系统。

### 5. 合作学习式教学模式

合作学习式教学模式主要是指通过小组的形式来组织学生进行语文学习的教学模式。小组作为学习过程中的整体，取得的学习成果离不开小组中每一位学生的努力。这种教学模式可以提高学生的合作能力，还可以让学生在小组探究语文知识的过程中积极掌握不同学生的学习和思路。需要注意的是，这种学习模式也存在一定的不足，即小组合作学习模式会以绝大多数学生的学习节奏为准，而忽视个别学习能力较强的学生。在这种情况下，教师应该通过合作学习来帮助成绩好的学生建立团队意识，通过辅导和帮助来激发他们的学习兴趣；对于基础和成绩稍差的学生，可以通过刺激学习兴趣来增加他们的合作参与度。

此外，小组合作学习已经成为高中语文课堂教师教学的一种重要形式。如何让它发挥出巨大的作用，取决于大多数教师对小组合作学习更为深入的探讨与尝试。教师必须对小组合作学习有正确的认识，并为每个活动都做好准备，才能减少小组合作学习效率低的现象，从而提高语文教学系统的有效性。

同时，小组合作教学模式不仅能使学生获得必要的语文基础知识，而且能够培养学生的合作和竞争意识以及创新能力。此外，对于建立新型的师生关系、促进良好品质的发展等方面也有显著成效，因此开展小组合作学习有效性的研究是十分必要的。结合语文课堂教学，总结出合作学习教学模式的有效开展步骤包括以下三个方面：

（1）合作学习的任务分配。开展小组合作学习前，教师必须将其重要意义、内容与目标以及如何达到目标、评估标准包括哪些（如小组任务完成情况、个人学习收获大小等）告知学生。此外，借助创设情境或设置充满趣味与挑战的问题等方式，有效激发学生的学习热情，从而引导学生懂得如何学以致用，推动学习成果的成功转移。

（2）合作学习的问题探究。在学生的小组学习目标确定后，按照学习任务进行合理的分工，各组开始进行合作探究，每个成员按照自身不同的理解展开沟通与探讨，由此为小组的学习成果添砖加瓦。在合作探究过程中，教师必须做好深入观察，一旦发现问题，应在第一时间做好指导，这样学生的合作效率才能更有保证。

同时，教师应密切观察学生的学习与人际交往等相关表现，从而对每个学生的语文学习能力和合作探究能力了如指掌。对于那些反应较慢、学习较差的学生，应为他们创造更多思索与发言的机会，以免其被落下太多；而对于那些头脑聪明、学习较好的学生，应为他们创造能够展现自我潜力的机会，以推动其实现更大更快的进步。

（3）全班交流。每个小组选出自己组的发言代表，由发言代表为全班师生展示本小组的学习成果，这样既有利于教师掌握各小组的学习状况，更重要的是能让教师对各小组内学习较差的学生有更多更深入的了解，从而寻找帮助对策。若有小组提出问题，教师可以让其他小组成员共同参与到讨论与解决的过程中，全体学生共同寻求最佳的解决方法。

在合作学习教学模式的实施过程中，最后也是最重要的环节就是学生自身的反思，教师在课堂上可以将其设定为三种形式，即本节课的收获、学习心得、学到的内容等，学生可以畅所欲言。这一环节既是学生反思学习成果的过程，也是教师检验课堂效果的过程。在课下，学生可以将学习反思写成学习笔记，以便查缺补漏或在下次学习时查阅。持之以恒，养成良好的学习习惯与科学的语文知识学习素养。

### 6. 自学-辅导式教学模式

自学-辅导式教学模式是指学生在教师的指导下，结合正确的学习方式进行独立思考、自主学习的教学模式。这种教学模式可以充分调动学生的学习自主性，充分发挥学生的学习能动性，使其积极投入语文知识的学习过程中。同时，自学-辅导式教学模式的主要教学程序是学生自学、集体讨论、教师启发、学生反思、总结练习。

在这种教学模式的教学过程中，教师需要弱化自己的教育职能，将学生的自我教学作为最主要的教学方式，并结合课文中的问题和科学的学习方法对学生进行积极的引导和点到为止的知识梳理。这种教学模式最大的优势是可以让学生自己进行知识学习，使学生结合自己的学习情况来解决问题，而且还可以在自学的过程中充分调动学生的学习积极性与创造力。但是，这种教学模式也存在缺点，因为学生的学习能力有限，因此这种教学模式应用的课程须选取较为容易理解和消化的课文，而像文言文这种理解起来较为晦涩的文章则不适用于这种教学模式，否则学生在学习过程中很容易出现理解偏差和错误。

自学-辅导式教学模式可以帮助学生自主进行知识探究，并通过语文课本中的文章进行知识梳理和学习。这种教学模式可以将教师的教育权力下放到学生身上，使每一位学生都可以充当自己的老师，也可以使学生的思想和看法在小组讨论的过程中得到释放和抒发。因此，教师应该结合课文的内容来实行自学-辅导式教学模式，并以此来帮助学生提高自学能力和语文知识梳理总结能力。

### 7. 传递-接受式教学模式

传递-接受式教学模式是最为传统的教学模式，是以教师讲授-学生接受为主的教学方式，使学生在教师授课过程中，完成知识的梳理和认知。这种教学模式的最大优势是不论何种语文课程都可以采用，并且不受课程难度的影响。同时，这种教学模式可以减少教师的准备时间，而以课本和课后练习作为最主要的教学素材。但是，这种教学模式也存在一定的缺陷，即学生往往会在这种缺乏乐趣的教学过程中丧失学习兴趣，不知不觉脱离教师的授课思路。因此，传递-接受式教学模式虽然可以节省教育资源，但是不利于学生接受语文知识。如果在传统教学模式的应用过程中加入学生感兴趣的教学活动，就可以抓住学生的注意力，使学生积极跟随教师的教学脚步，主动完成知识的学习。

传递-接受式教学模式是最基础与传统的教学模式，也是应用最为广泛的教学模式。它不受教学内容的影响，适用于各种语文文体教学，也可以在各种各样的语文学习阶段使用。只要教师将新颖、易于被学生接受的教学内容加入这种教学模式中，就可以帮助传统的教学模式恢复生机，并焕发出耀眼的光芒。

# 第二节　高中语文教学中的比较法分析

## 一、高中语文教学中比较法的要求

人们的思维过程是一种复杂的活动，而比较是思维的基本方式。在教学过程中，不同类型的文学文本都可以通过比较的方式来进行。"在比较法的实施中，学生通过比较阅读，激活了阅读兴趣，把握了阅读内容，提高了阅读能力，掌握了学习方法"①。而教师则在比较教学的实施中，将自己的知识财富转交给了学生。

高中语文这门学科涉及的内容非常复杂，而且渗透到社会的各个领域。不管是教学内容的更新，还是传授方法的变革，都和人类的日常生活息息相关，其作用也是非常重要的。因此，在高中语文教学的过程中实施比较法教学，要关注不同的实施步骤，采取多样化的方法途径，从不同角度使教学内容更加丰富，教学思路更为宽广。比较法下的语文教学既要开拓学生的思维空间，又要培养学生的想象能力和思维能力。在比较中，不仅要让学生掌握基础知识，还要注重学生技能的提升，锻炼学生的自主学习素养、创新思想和发散性思维。

比较法教学的着力点应放在学生方面，以提高学习效果为最终目的，因此在实施这一方法的过程中，要充分提升学习者的热情，调动他们对学习的积极性。这就要求教学者摒弃陈旧的传统教学模式，尊重学生的个性发展，给学生充分的思考空间，进而迸发出创造性思维。只有采取这一教学模式，才能从根本上摆脱传统的学生游离课堂的"单向"模式，从而达到运用纵横及综合的连贯比较，把握重点，突出文章精髓的效果。

（一）课前要求

充分的课前准备是掌握课堂知识的前提。学生的任何一门课程的学习都不是从零开始的，都是建立在学生或多或少的已有知识和经验基础之上的。高质量的课前准备从根本上可以提高课堂的质量和水平。

**1. 进行预习任务引导**

教师应引导学生学会搜集资料。首先，教师要根据教学内容对学生搜集的资料给予具体指导和说明；其次，要对学生搜集资料的方式、方法给予指导，如可以通过报刊、网络、文献、电视、图书馆等多种渠道获得资料；最后，教师要设计科学的导入环节，设置层层递进的教学任务，促进学生乐于学习，善于发现问题，并能尽自己的最大努力克服困难，提升自身的学习素养。

**2. 进行预习成果展示**

自主学习是在教学条件下学生高品质地学习，强调学生主体能动性的发挥。只有给学生充分的自学、思考时间，才能让学生自己去读书、去感悟、去思考、去探究。学生在充分预习后形成自己个人的草案，然后和小组成员在组内互相交流。在有了课前阶段的充分

---

① 宋学婷. 高中语文教学内容的整合运用研究［M］. 长春：吉林人民出版社，2019：21.

准备之后，才进入课堂教学，这样经过学生比较思考的预习，上课后先是课前阶段的展示，让学生带着比较的成果各抒己见。在一番热烈的发言和交流之后，预习时的比较项目在表格上才能呈现多样化的思维结果。

## （二）课中要求

在课堂阅读教学中，如果进行课文的孤立学习，那么就不能准确掌握课文。如果可以将其与同种类型的课文对比，在相同处找出其不同点，在不同处找出其相同点，那么读物的本质特征就很容易辨别，我们称这样的方法为比较阅读法。比较阅读法在运用时，首先要选择比较对象。心理学认为，人们在认知对象时，一般是通过以前掌握的知识及实际经验对事物进行理解与认知的。因此，学生在进行新课文的学习时，应当将其与以往学过的课文联系起来，并将其转化为实际应用能力。其次，选择比较点，确定比较途径。通过寻找异同点，深入掌握知识点。通过比较揭示异同，可以培养学生的评判能力和鉴赏分析能力，发展学生的创造思维。

## （三）课后要求

课后复习在教学过程中是极为重要的一部分，有助于加深与提升阅读教学。通过比较法进行复习，可以让知识归集起来，并使其条理化、系统化。

### 1. 进行课后复习引导

课后的延伸内容纷繁复杂，资料多而杂，学生难以快速而有效地找到所需的延伸文本。但是，教师最清楚课堂上所讲课文的重点所在，所以教师应该在学生课后复习时给予方向的指引。

### 2. 学生自主进行分析与比较

语文学习是有规律可循的，而提高语文能力，必须学会找寻其中的规律。语文学习主要是以学生自己阅读与领悟为主。因此，课余时间学生自主分析、比较就是自己领悟的过程，也是找寻规律的过程。

以小说的环境描写这个知识点的复习为例，学生通过其他文章与课文进行分析、比较，可以找到《林教头风雪山神庙》中也有很多地方进行了风雪描写，有正面的，也有侧面的，这些描写都充分展现了悲凉的气氛，不仅体现出人物性格，更推进了情节发展。

### 3. 小组合作探讨，完善知识体系

学生个人在进行课后复习后，还可以小组合作，补充和完善自己的知识体系。例如，

对小说中关于环境的描写进行异中求同与同中求异等，可以将环境描写在小说中起到的作用总结出来。

第一，环境自身的作用：起到对小说氛围的渲染烘托；对小说时代背景进行交代。

第二，环境对人物形象塑造的作用：为人物提供活动的背景；表现人物的性格；烘托人物的心理活动。

第三，环境对情节发展的作用：为故事情节做铺垫；直接推动故事情节的发展。

第四，环境对小说主题表达的作用：暗示主题；深化小说主题。

上述几点就对小说中环境描写的知识点进行了复习，学生可以通过这种方法进行其他知识点的延伸学习，这有助于强化知识间的联系，提升复习效率。

## 二、高中语文教学中比较法的运用

在高中语文教学领域中，比较是能够提升教学品质与效率、拓展学生思路的一种有效方法。比较思维是确定比较对象的共同点和不同点，从中掌握一般规律，认识特殊现象的一种思维活动。比较有教学内容方面的比较，也有学习方法和教学方式等的比较。比较过程中求同的目的是找到事物的相似点，使学生能掌握一般意义上的特点，总结归纳出一般规律。而比较过程中的求异的目的则是找出事物间的不同之处，使学生能够迅速、准确地辨别并把握事物的特点或重点，总结认识特殊现象。在运用比较法教学时，应该做好以下三方面：

第一，比较范围要明确。范围的确定要科学合理，没有可比的文章就不需要进行比较。具有可比性的文章具有同类性质，在题材、体裁、主旨等方面有共通点。

第二，比较点选择准确。比较点要扣准问题的实质，使人对问题有更清晰、更透彻的认识，一般而言，文章可以从人物、景物、主题方面比较，也可以从结构、写法以及语言表达等方面进行比较。

第三，比较结果要表述清楚。比较结果要通过简洁、清晰的语言，表达清楚比较双方的异同。

比较阅读范围宽广，不仅可以比较中外作品，也可以比较古今作品，还可以比较同一个人或同一篇作品。同时，比较角度应该多样，可以从作品的宏观角度进行比较，如主旨、风格、结构、题材等；也可以从作品的微观角度进行比较，如手法、语言、词句等。此外，在比较方法上要灵活多样，或全篇比较，或语用点的比较；或横比，或纵比；或异中求同，或同中求异，不能过于死板。

（一）标题内涵的比较

当学生学习一篇课文的时候，首先接触到的就是文章的标题。文章的标题是一篇文章的核心，可以分为点明文章主要写作内容的、暗示文章写作形式的以及交代文章的主旨和情感的。从比较标题来导入教学，能更好地激发学生的学习兴趣。

1. 换题比较

标题在一篇文章中起着提纲挈领的作用。学生要学会审题，第一步就是要通过比较标题的内涵，了解标题之间的区别，使学生更好地领会作者命题的严谨，同时还可以从标题中对文章有大概的了解。

例如，沈从文的《边城》就可采用此种方法。《边城》讲述的是少女翠翠和天保、傩送两兄弟的故事，但是沈从文先生却没有将题目定位为"翠翠的故事"，而是采用"边城"来命名。比较这两个题目哪个更合适，当学习完这篇文章后，我们明白了作者的用意，《边城》寄托了沈从文对故乡美好的感觉，它不单单是讲翠翠的故事，更是借此表达对边城淳朴风情的喜爱与留恋，翠翠只是其中的一个人物而已，以她为题有失偏颇。通过比较文章的标题，学生就会提出疑问，当他们在阅读小说的时候也会认真思考这个问题，从而使兴趣被激发。

2. 同题比较

高中语文教师在课堂教学的过程中，为了提高学生同题多种写法的能力，可以选择有一定联系的文章标题与所要讲述的文章标题进行比较，如可用题目相同、写法不同的课文，引导学生积极分析，充分发表意见，相互辩论，从而使学生的审题能力得到提高。比较的关键是教师应从作者的构思立意、选材重点与不同的角度、写作技巧、风格上分析原因。综合思考时，教师要引导学生从两个作品反映的主题、写作方法等进行思索，使学生从中受益，使学生在认识客观外界物体时，能归纳出具有规律性的东西。

3. 同作者异题比较

作家的创作规律在他的作品中无所不在，可以渗透到任何一个文本的标题中。因为它反映了作家的全部生活积累，包括其思想、经历和表达习惯，所以必然体现在其创作中。因此，我们可以通过比较该作家的不同作品标题，总结出该作家的某些创作规律。如果能够引导学生深入对上述具体案例进行比较分析，学生对标题在文中的作用理解必能更加深入，并能从小说线索、情节和主题等角度进行归纳概括。

4. 不同作家的比较

在比较阅读文本的选择中，可以选择一些跟所学的课文体裁、内容、写作方法等有一定联系的作品，这样既能扩大学生的阅读面，丰富学生的课外阅读内容，又能提高学生的文学素养，可谓获益良多。在高中教学的各个过程中，可以适当地把不同作家的作品相互比较，从而凸显出所学文学作品的特点，并达到认识深刻的效果。

## （二）文章结构的比较

结构是文章内容的外在表现形式，服务于主题意蕴。如果文章结构不完整或不合理，那么文章思想内容的表达就可能紊乱，从而也就不能吸引学生。一般而言，好的文章必有好的结构，好的结构是文章内容合理、清楚表达的前提，也是吸引学生的一种手段。因此，在高中教学阶段，教师应该在文章教学和赏析中对结构分析予以足够的重视，尤其是要多运用比较教学的方式，让学生认识不同结构对文章表达的影响。例如，对于一篇倒叙的文章，教师可以将其改为顺叙，然后让学生比较分析，从而更好地理解作者精心组织的目的和好处，培养学生在文章结构方面的运用能力。

比较法语文教学是使学生整体感知课文内容的有效方法，是基于不同文学作品之间的内在联系而进行的一种跨越性阅读，让学生学会在相同点中找出不同，在不同中找出共同的联系，让学生学会知识迁移，以旧悟新，以新补旧。通过对文学作品多角度、多侧面的观照和比较，认识文学创作规律，提升审美能力和分析能力，促进学习能力的提高。

## （三）审题方面的比较

审题，就是审查题意，研究命题中的含义以及意图。对审题的思维过程，往往是立意。审题立意是学生正式进入写作前的思考过程，这一关决定着整个写作的成败。因为受思想能力以及知识水平等的限制，传统的习惯性思维定式使得学生很难辨明题意，不能正确领会命题的动机，不能准确把握命题的写作重点、写作范围以及写作要求，更别说产生独特的思维结果了。

第一，同题不同形式的比较。审题上的比较，通常可以使同一题目的作文有多种写作点，也可以使同一题目有多种体裁的写作方法。先要选准读写训练的出发点、联系点。当然，要求较为复杂的也可先分解，即片段训练，再综合成篇习作，这样有利于学生由浅入深地进行写作训练，或者通过课外阅读，根据阅读材料，或改写，或写感想等，这些都可以展开创造性思维，并进行再创造。

第二，相近题不同立意的比较。如果经常比较相近或相关的作文题目，那么就能很好地分辨不同题意的特点，认准题意侧重点，掌握各项写作要求。在作文的审题中进行比较法教学，从所写作事物的某一点出发，向四面八方展开联想，多方位地试探，多角度地思考，多层次地求索，可以发展学生的求异思维，促使学生在审题立意时进行多角度、多侧面、多层次的分析，寻求新的构思，发前人所未发的议论，立意新颖，避免人云亦云。因此，审题时应该提醒学生多比较，择优而作，这样才能对提高作文质量有益处。

### （四）选材方面的比较

所谓选材，也就是选取题材，要解决写什么的问题。选材上的比较，就是为了表达同一主题进行多种材料的筛选，或者也可以是同一材料运用多种要求习作。

第一，多种材料的筛选。选材的依据是心中表达的需要，这是建立在长期观察与阅读积累的基础上的。通过相近材料的比较，根据求异或求同的思维途径，在现有材料的基础上，发挥想象、联想，拓展思维的广度和深度，从不同的角度思考，另辟蹊径，标新立异。

第二，同一材料多种要求习作。如果能在构思时将经过挑选的材料进行灵活的排列与组合，再对其内容、风格、结构进行比较，权衡利弊，就能收到事半功倍的良好效果。

修改作文是写作中的最后步骤，也是非常重要的一步。所以，在对材料进行比较后，第二次习作的要求可以更改为要求学生把自己作文的原稿与修改稿进行比较，将这些材料用不同的表达方式组合成文。学生在修改稿中，将顺叙改为倒叙，或者是插叙，或是运用由果溯因的手法，对几个事例进行回忆，力求多种布局，然后再比较优劣。这样的文稿修改可以更好地使文章达到一定的深度与广度。所谓"文似看山不喜平"，多种构思布局，才能通过反复比较，使作文引人入胜。

比材料、追求选材的新鲜与独特是写好作文最基本也是最重要的条件。由于学生们的生活空间有限，因此他们常常感到很难找到新鲜事可写。而通过比较法，往往能写出富有特色与个性的作文。同时，在选定材料后还要深入地比较材料，并进行重新组合。这样经过打磨的文章，能有效避免平铺直叙、结构松散、缺少起伏变化的弊病。同时，一材多作有助于学生区别文体特征，也有助于学生养成在比较中认识事物、发展思维的良好习惯。

在高中语文教学中要求多采用各种形式的比较法，这样不仅有利于衔接新旧知识、沟通事物关系，而且可以培养学生的良好学习方法。

现代教育心理学认为，学习任何言语信息的教学，其中最重要的特点就是为这项信息提供联系的，或者是可以配合的更有意义的各种知识。而比较法正是遵照这一原理去实践的。在教学实践中，学生进行横纵比较，能够进行读书鉴赏，领略写作的要点。

总而言之，比较法的实施，既能有效调动学生的积极性，激发学生的学习兴趣，又能培养与提高学生发现问题、分析问题与解决问题的综合能力，有利于帮助学生深入理解与掌握课文，有利于帮助学生找到更好的学习方法，激发他们求同辨异的思维能力，养成综合分析思维的习惯。

## 三、高中语文教学中的比较法应用

"比较文学观点是文学与艺术或两种文学的相互作用，教师可以通过中西文学作品比较，加深学生对多元文化的理解，不仅有利于拓宽学生的文化视野，更有利于促进学生对优秀传统文化精髓的汲取。"① 因此，在高中语文教学中，教师应坚持比较文学观点，有效促进学生文化自信与多元文化能力的全面发展。

高中语文作为提高学生文学素养与人文素养的重要途径，在文学作品阅读教学中引入比较文学观念，可以有效促进学生创新能力和语文素养的全面发展，使学生在了解文学的同时，实现对多元文化思想特点的深入理解。同时，教师在课堂中要为学生建立开放的学习环境，让学生通过对文学作品的比较鉴别，进一步丰富自身的语文素养。

### （一）比较文章内涵，加深主题理解

高中语文阅读教学中引入比较文学思想观念，可以让学生更深刻地理解和认识文学作品的本质特点，增强自身对文章内涵的阅读感受和体验。由于在高中这一阶段学生的逻辑思维倾向于系统性、目的性，可以对文学作品进行一定程度的分析和思考，教师在阅读教学中要不断增强学生对比较思想的了解，引导学生从理性逻辑思维层面出发，站在多角度对作品的反差进行探索，运用比较思想深入挖掘文学作品之间的内在联系，通过文章内涵比较，深入理解文学的深层思想，加深对文章主题和文学内涵的理解。

### （二）比较人物形象，提高鉴赏能力

高中文学作品阅读引入比较法，可以拓展学生的思维广度，让学生在多元文化背景下的比较中，探寻思想表述的本质和规律。文学作品中的人物形象，是构成文章中心思想和主要内容的重要部分，作者对人物的描述通常都蕴含了更多的深意，是学生理解全面的关键。因此，在课堂教学中教师要引导学生，阅读时善于挖掘经典人物形象的异同和深意，比较不同文学作品人物之间的相似特点，这样不仅能够提高学生对文章的阅读和鉴赏，还可以让学生更好地感悟作品。同时，教师要为学生建立民主自由的阅读学习氛围，让学生在比较过程中，不断提升对文学的阅读兴趣。

---

① 　胡长征. 高中语文外国文学教学中比较文学观念的引入 [J]. 试题与研究，2019（15）：137.

### （三）比较文明差异，激发阅读兴趣

文化思想与生活具有紧密联系，教师在外国文学作品阅读教学中引入比较思想，要切合学生的实际经验与认知规律，启发学生比较中外不同的文化背景差异，加深对外国文学思想的思考和理解。课堂中比较法的运用体现的是一种思维方式，学生从不同的文化角度看待作品，可以进一步开发自身的创造性思维，促进自我对文学思想和情节的积极思考，这样不仅可以加深学生对多元文化的理解，还能有效培养学生对外国文学作品的阅读兴趣。

综上所述，高中语文文学作品阅读教学，可以让学生开阔视野，了解丰富的异域文化精华，因此，为了提高学生的文学水平，让学生更好地尊重和了解多元文化，教师可以在课堂教学中引入比较文学法，并将其灵活地运用到阅读学习的每个环节，通过文学作品对比加深学生对不同文化思想的理解，有效促进学生文化能力和创造性思维的发展提升。

# 第三节　高中语文教学中的学习方法

## 一、高中语文教学的合作学习方法

合作学习是以合作学习小组为基本形式，系统利用教学中动态因素之间的互动，促进学生的学习，以总体成绩为评价标准，共同达成教学目标的教学活动。高中语文教学应兼顾培养学生的合作能力，通过合作式学习方法来建立学生的合作意识，提升学生的合作能力。

### （一）合作学习法的原则

在高中语文教学中开展合作学习时，应运用恰当的教育教学手段，调动学生的主观能动性，优化课堂教学结构，提高课堂教学效益，全面提高学生的综合素质。具体而言，应遵循以下原则：

#### 1. 主体性原则

在高中语文教学的合作学习中，主体性原则是在小组的合作过程当中要尊重学生学习的主体性、能动性以及学习自主性、学习创造性，要让学生在小组学习中积极地、主动地发表自己的意见。教师需要注意的是教学活动当中的学生不只是被管理对象，与此同时，

他们还是管理的主体，教师应该充分激发学生的能动性，让他们自主管理小组、管理教学活动，让他们自主解决遇到的问题。语文合作学习中主体性原则的应用主要涉及以下内容：

第一，学生的主体性必须得到充分尊重。学生必须在课堂活动中发挥自己的作用，课堂活动也必须把学生看作是主体，学生应该拥有独立的人格、独立的决策，要有自己的学生观、价值观。

第二，教师应该为学生主体性的体现创造条件。引导学生形成自己的主体性人格，也就是学生主观上愿意进行自主性的选择，打破外在因素的限制，这个过程是从自发到自觉的转变，让学生自觉地参与课堂活动、课堂管理，充分发挥主体性。在这样的情况下学生的求知欲必然会增强，学生会把知识的学习和了解当作一种探索，会获得学习的乐趣，逐渐进入学会和会学的境界，与此同时，学生的合作意识、合作技能也得到了提高，合作学习的模式也能够持续发展下去。

### 2. 师生合作原则

师生合作原则是在课堂学习过程中，学生和教师对彼此的依赖，两个课堂主体是相互促进、共同发展的关系。师生合作的特征是通过合作谋求共同发展，师生合作的中心是教师和学生之间的交流互动。教师和学生分别承担起自己在合作中的责任，形成合力。课堂是非常活跃的整体，在课堂中的每一个人都要担负起自己的责任，不能将自己置身于课堂之外。

语文教师是课堂的管理者，不仅要维持课堂秩序、安排任务，还要推进教学进度。学生是课堂真正的主人，既要管理课堂，也要管理好自己。两个主体对课堂的责任存在关联，没有一个主体是独立的，在主体之间建立合作关系能够让课堂更加完善。学生对课堂的管理有助于学生提高自我管理水平，也有助于教师提高自己的管理能力，与此同时，还能够提高教师和学生自身的责任意识，而且教师对学生管理方面的指导能够让学生更加积极地参与到管理当中。师生之间的合作意味着在课堂中彼此地位的平等、彼此权利的平等，也意味着彼此都要承担课堂的责任，要遵守课堂规范，而且要不断交流沟通，促进彼此的合作。

### 3. 相互依赖原则

（1）目标上的相互依赖。小组学习的目标是相同的，教师会分配给小组一个或者多个学习目标，学习目标的完成需要小组内部成员的共同努力，这样的学习模式会让小组内学生的学习动机明显增强，之所以会产生这样的效果是因为个人不仅代表自己，还代表着小组的集体荣誉，会促进学生动机的增强，让学生想要完成教学任务，会让学生尽最大能力完成小组的共同任务。

（2）资料上的相互依赖。高中语文教师应该分发给小组成员不同的语文资料，小组中的成员不应该拥有所有的资料，这是为了让学生之间加强分享、加强交流，只有通过交流才能获取所有的资料，才能完成任务。

（3）角色上的相互依赖。小组内成员在分担角色时应该让每个人承担不同的角色，角色的分配可以由教师指定，也可以由小组成员自行决定，角色之间要有联系、有互补。承担某一角色的小组成员必须承担角色的责任，每一个人都有自身角色的任务，所以保证了每一个学生参与交流和活动的机会，避免在课堂活动当中有人被遗忘。合作学习直接或间接地提高了学生的责任感、归属感以及自尊感，激发了学生为集体服务的动力，而且小组学习的形式有效地降低了学习焦虑，学生更愿意表达自我，更愿意尝试，更愿意创新，有利于学生创造力的提高。

（4）奖励上的相互依赖。如果小组成员表现优异，那么整个小组都会获得活动奖励，也就是合作小组成员成绩是共享的。

### 4. 最小干预原则

最小干预原则是指当正常课堂行为受到干预时，应该采用最简单的最小值的干预纠正违规行为。如果最小值的干预没有发生作用，可逐步增加干预值，主要目的是既要有效地处理违规行为，又要避免对教学产生不必要的干扰。干预的结果，应该是尽可能使教与学的活动继续进行，使违规行为得到较好的控制。如果让那些出现了行为问题的学生成为教室里的注意力焦点，他们反而会获得成就感。有经验的高中教师通常会以不太引人注意的方式来处理学生的行为问题，可以在讲课时把学生的名字带进去，被叫到名字的学生自然会得到提醒，而其他学生则可能不会觉察出问题。

### 5. 有效指导原则

合作学习需要教师把学习的主动权重新交到学生手中，让学生有自主构建学习时间和学习空间的权利，让学生的思维有更多发展的机会，让学生能够进行自主学习。将学习主动权归还给学生并不是要削弱教师的作用，反而会使教师的指导作用得到增强，要重视有效指导原则。教师必须发挥自己作为课堂组织者、引导者的作用，要掌握教学的各个环节，教师和学生之间更像合作关系，教师不可以过度干预学生对学习问题的思考，但是又不可以对学生遇到的困难置之不理。

### 6. 成功机会均等原则

成功机会均等原则是在小组学习中，学生通过自身成绩的提高对小组成绩提高做出贡献。这样的学习模式参考的是学生以往的成绩，属于标准参照性，和传统的常模参照性不同，这种模式的优点是优等生、中等生、差等生都能发挥自己的作用，因为小组重视的是每一位成员的贡献，这有利于所有学生的共同发展。

现代教育注重的是每一位学生的成长，强调学生应该享有平等的学习权利、成长权利。异质小组的合作学习尊重不同学生的差异，这对于学习困难的学生有非常大的帮助，需要注意的是在建设这样的学习小组时，教师要做好优等生和学困生之间的搭配，要发挥优等生的学习带动作用，帮助学困生学习，激发学困生的学习动力，并且传授学困生学习的方法。除此之外，教师还应该在合作之初设置好基础分数，并且在未来的学习中以学习提高分来评价学生，这将会很大程度地激发学困生的学习动力，让他们获得学习成就感，很好地保护学生的学习兴趣。

### 7. 小组激励评价原则

全新的评价理念强调的是学生学习主体地位的体现，评价可以让学生正确认识自己，有针对性地在某些方面提高自己，除此之外评价理念还强调进行形成性评价，这种评价方式能够增强学生的成就感和自信心，还能够培养学生团结合作的精神。合作学习不会过于关注学生个人的成绩，会将团体的成绩作为学生是否获得奖励的依据，对学生进行的相关评价、相关奖励会以小组总体成绩为标准，合作学习模式的存在使得学生个人之间的竞争变成了合作小组的竞争，小组之间激烈的竞争会反过来促进小组内部成员的合作，能够让小组中的每个人都各尽其能，能够最大限度地激发个人的潜力。而且相比于学生个人的努力和奋斗，小组形式的努力能够让学生体验到更多乐趣，有助于培养学生的合作精神，提高学生对合作的积极性。

## （二）合作学习法的实施

### 1. 确定合作学习目标和任务

合作学习有共同的目标，在高中语文共同学习的过程中，教学目标要有一定的情感功能，要追求知识学习、技能学习、情感交流的均衡，学习小组的目标应该由教师制定，在制定好目标后，每一个小组成员都要遵守。合作小组中的成员在完成个人目标后，还要帮助小组内其他同学完成目标，只有这样才能完成他们小组共同的任务。

### 2. 制定合作学习的相关规则

合作学习的规则要能够约束和规范合作小组的学习，能够让高中语文教学更加规范，也能够让学习效率得到有效提高。一般而言，合作学习的规则主要涉及五个内容：①自我管理。始终在自己的座位上，控制好自己的音量，不打断别人，不说废话。②听人发言。在别人说话时不插话，记住别人的说话要点，给出合适的评价。③自己发言。发言内容要包括自己的独立思考，要条理清晰、表达清楚。④互帮互助。既要帮助同学，也要虚心向同学请教。⑤说服别人。要保持自己的态度，对别人的看法提出质疑，但是态度要诚恳，要用道理让别人认同自己。

### 3. 确定合作学习中学生的责任

小组学习过程中会有能力强的学生特别愿意完成任务，为了避免能力强的学生替代其他学生完成任务，教师可以将学习责任分配到具体的个人。

（1）责任承担。小组在有了共同的目标之后，应该将目标分成不同的小目标，每一个人都要承担一个小目标，最终小组目标完成的程度取决于每一个学生完成小目标的质量。

（2）随机提问。指的是从小组成员当中挑选一个随机提问，并且对他的回答做出评价，他的评价代表小组活动的整体评价，因为提问是随机的，所以每一个人都有可能向教师展示活动成果，这就使得成员会积极地参与活动，否则会影响小组荣誉，这种集体荣誉感造成的压力能够让小组成员认真参与活动。

（3）个别测试。在集体讨论的时候，成员之间是可以交流的，可以互相帮助，但是当教师检查学习成果时，学生必须独立完成，并且以学生的个人表现当作小组的成绩。这种测试方式能够让学生失去小组的保护，无法逃避学习责任，而且如果学生积极学习、积极参与，就能获得较好的成绩，能为小组赢得荣誉，这有利于学生学习积极性的提升。

### 4. 选择最佳合作时机与内容

（1）选择最佳合作时机。要根据高中教学的实际需要，把握合作学习的时机，尤其是在教学任务较多或需要突破重点难点的时候，在学生意见产生较大分歧或思维受阻时，都可以组织合作学习。选择最佳合作时机不仅可以调动集体的智慧，使每个学生都能参与其中，掌握了相关知识和技能，还会让每个学生都能感受到个人和集体的力量，认识到合作是必需的，充分体会到合作的优势，感受到合作的意义，享受到合作成功的愉悦。

（2）选择最佳合作内容。合作学习的内容要适合学生交流思想，任务应当具有一定的难度，具有合作学习的价值。学生通过自主学习无法完成或无法较好地完成的内容，可通过合作学习让学生相互帮助、相互讨论、相互交流，以便更好地完成学习任务。

### 5. 发挥合作学习中组长的职责

高中语文教师在分好小组之后，应该选出小组长，小组长的任务是维持小组纪律，分配任务，安排和组织集体讨论，做好任务总结等。在最开始展开合作学习时，小组组长应该选择人缘好的、有能力的、在学生当中有威信的学生，与此同时，教师也应该对小组组长展开培训，给予他们一定的管理权力，但是也要避免他们利用权力垄断小组任务，要监督他们，让他们正确使用权力。

### 6. 促进合作中学生的自我管理

真正有效的管理是学生自我的内在管理，语文课堂既然是教师与学生的共创，那么学生同教师一样，也是课堂中具有独立精神意志的主人。而且，高中语文课堂活动的最终目的是促进学生的健康发展，离开了学生的参与、支持与合作，课堂管理便失去了意义。内在管理强调学生积极主动地参与，在参与过程中形成自主意识和责任感，从而激发其主动和创造精神。内在管理不仅能提高课堂管理的效益，而且能发挥学生的聪明才智，有利于他们的成长和发展。

### 7. 不轻易调换合作学习成员

在高中语文合作学习的过程中，小组的创造力并不取决于个别小组成员，而是取决于小组成员之间的交流方式、互动方式。一般在合作初期都会出现合作不顺利、不友好的情况，也会有个别成员希望调换合作小组，教师对个别成员的这种要求一定要慎重，不要随意地更换小组成员，因为随意地更换小组成员会导致学生无法学习到和他人的沟通技巧，出现问题最好的方式是解决问题。教师应该合理安排小组成员的组成，例如，对于喜欢独来独往的学生，教师可以将其安排在人缘比较好、乐于助人，并且非常受欢迎的学生身边，这能够有效地保证学生不被孤立、不被遗忘，能够保证他们进行充分的交流学习。

### 8. 教师进行必要的督促与介入

高中语文教师应该介入合作学习的全过程，并且要督促学生的合作，高中语文教师对合作的介入和管理包含非常多的内容，例如，观察学生解决问题的过程，如果学生遇到难题可以暂停活动，给学生做出一定的指导和示范；对于表现好的小组要给予表扬引导，其他学生会主动效仿良好行为。教师的介入是为了让学生掌握正确的合作技巧，在学生遇到难题时提供帮助。通常情况下，如果出现了以下情况，教师也需要参与到学习活动中：

（1）学生不了解任务。这时教师一定要介入，对任务进行解释。

（2）观察学生的任务完成过程。如果小组顺利地完成活动任务，那么教师要及时给予表扬和奖励。教师也可以在结束之后介入小组讨论，保证每一位成员都参与小组讨论。如果小组完成任务的进度缓慢，教师也不要急于介入到小组讨论中，可以先观察一段时间，如果遇到的难题实在无法解决，教师再进入小组指出问题，给出问题解决的思路。需要注意的是教师不能直接给出答案，而是要引导学生寻找答案。

（3）维持讨论的纪律。如果某一个小组的声音过大，那么教师要及时提醒或制止，教师也可以让小组成员位置更加靠近一些，这能够有效地降低他们讨论的声音。

在合作小组开始讨论之前，高中语文教师需要告知学生合作需要的技能，还要训练他们的合作技能，但是在合作开始之后，还是会有学生无法有效地使用合作技能，这个时候语文教师需要参与到合作中，帮助学生更好地掌握学习方法，更有效地使用学习技能。如果教师发现小组讨论的内容和主题相互脱离，那么教师应该及时制止并且为小组的讨论指明方向；如果合作学习已经进行了一段时间，那么教师可以询问某一小组的具体进度，了解学习任务的完成情况；如果有小组完成了学习任务，那么教师应该检查任务是否真正完成，如果确实完成了学习任务，那么教师可以让小组成员自由活动，也可以让小组成员自由选择帮助其他小组完成任务。

### 9. 对学生期望的行为给予关注

高中语文教师应该对他期望的课堂行为给予特别关注，因为教师的特别关注会引发学生的效仿。列举一个相反的例子，有些教师会在课堂中提醒不认真听课的学生，有的时候会点名批评不认真听课的学生，但是教师严厉批评的结果是其他学生争相模仿说话学生的行为，这是因为他们想引起教师的注意，教师的批评反而引起了和预期目的相反的效果。在学生比较多的合作课堂中，教师应该引导学生，让他们清楚明白地了解教师期待哪些课堂行为、哪些课堂行为是有价值的，比如教师应该告诉学生认真倾听别人的表达，按照顺序发言，不要打断其他同学的发言。除此之外，教师还应该对符合他期望的小组给予表扬，例如，如果希望讨论的声音小一点，那么教师可以对讨论声音大的小组不给予关注，对讨论声音小的小组给予表扬和关注。与此同时，教师要给出表扬的原因，这能够在很大程度上引发其他小组的效仿，进而实现教师想让讨论声音小一点的目的。

### 10. 正确处理合作学习中的关系

（1）正确处理个人学习和合作学习的关系。高中语文小组合作学习的目的是把小组中的不同思想进行优化整合，把个人独立思考的成果转化为全组共有的成果，以群体智慧来探究问题、解决问题。因此，有效合作学习的前提就是个人学习，合作学习应该建立在个人学习的基础上。学生对学习内容获得较为全面的把握后，上课时有备而来，带着问题、带着思考、带着求知的兴趣进入课堂，也才有可能在与他人合作时有话可说，有感而发，才能避免以个别学生的思维代替其他学生的思维。而且每一个学生领悟和探究的视角又各不相同，更易于激发在相互交流时思想的碰撞和思路的拓宽，提升合作学习的效果。当然，也便于教师及时了解学生的疑点、难点，更有针对性地组织教学，促进学生更高层次思维的发展。

（2）正确处理竞争与合作的关系。竞争与合作是对立统一的关系。两者既相互区别，又紧密联系，都是最基本的社会互动形式，永远不能孤立地存在。与合作相比较，在没有引导的情况下，人们更倾向于选择竞争的行为方式。语文教师可以在小组内部和小组之间引入竞争机制。在小组内部提倡竞争，可以充分激发学生的潜力，使学生能够积极参与小组合作学习。值得一提的是，小组内部的良性竞争，并不会影响小组成员之间的合作，它们都是基于小组合作学习共同目标的实现，竞争只是在小组内部形成一种比赛的氛围，目的是为了实现小组合作效率的提高。而在小组之间引入竞争机制，则有利于促进学生的小组意识，形成集体荣誉感，小组成员彼此之间相互帮助，共同抵抗外界的压力。

（3）正确处理教师和学生的关系。在合作学习的过程中，应始终坚持一个原则，那就是学生是合作学习的主体。因此，合作学习更加注意学生的心理需要，把教学重点放在学生的"学"上。此时，教师的作用更加重要，责任更加重大。高中语文教师要进行知识讲授，要激发学生学习的兴趣和动机，要促使每一个学生获得最大限度的发展，还要善于协调各小组的活动，对学生和小组进行认可或奖励，促使学生主动掌握知识、发展能力。

## 二、高中语文教学的自主学习方法

自主学习是学生在教育者的启发和指导下，充分发挥自己学习的主体作用，在学习的整个过程中对学习的各方面，包括学习情绪、学习策略、学习方法与技术等做出主动的调节、控制，从而完成学习任务的过程。高中语文教学中要重视自主学习方法，"只有提高了学生的自主学习能力，学生的语文学习才会变得越来越高效"[①]。

### （一）自主学习法的原则

#### 1. 目标性原则

自主学习的语文教学管理应当有正确而明晰的目标，它向教学目标的实现提供保证，最终指向教学目标。目标本身具有管理功能，直接影响和制约师生的课堂活动，能起到积极的导向作用。并且，目标使学生成为积极的管理者和参与者，对于发挥学生自觉的求知热情，增强学生的自我管理能力，也具有积极意义。

在高中语文教学过程中，教和学的活动先要确定好准确适度的目标，使知识的难度恰好落在学生通过努力可以达到的潜在接受能力上，从而不断构建新的知识结构。在这种目

---

① 郑静. 浅谈高中语文教学中学生自主学习能力的培养［J］. 速读（上旬），2018（1）：231.

标的适度要求下，教材的处理、教学方法的运用、教学过程的每一环节，都要体现学习目标。只有树立目标意识，教师的教和学生的学才会同步提高。

激发学生自主探求的兴趣和欲望，是构建高中语文自主学习方法的核心要素。如果让学生根据自身的情况，在教师的帮助下确定对自己有意义的学习目标，自己确定学习进度，那么学生的学习兴趣肯定非常浓厚。让每个学生在课堂中充分行使自己的权利，充分享受学习的乐趣，就给了学生自由选择的权利，为他们提供了主动探究的空间。

### 2. 参与性原则

自主学习活动取得有效成果的前提就是学生的全员参加和全身心地投入学习。学生只有充分投入，积极参与，才能使自主学习成为可能，为此，高中语文教学中的自主学习需要体现参与性原则，这就要求做到：①语文教师应采取各种方法进行热情动员，关注全体学生，促使不同层次的学生都积极参与到课堂教学中；②学生在自学活动中多种感官并用，把观、读、思、做几方面有机地结合起来；③最大限度地把课堂教学的时间和空间交给学生，使学生真正参与进来，成为课堂学习的中心和主体。

### 3. 自控性原则

高中语文教学中自主学习课堂要求学生自己管理自己的学习，不依赖外界来管理自己的学习活动，这是自主学习的又一个基本特征。自主学习课堂管理表现为学生对学习的自我计划、自我调整、自我指导、自我强化。语文教师一方面要强化学生的自我管理意识，让学生意识到自我管理的重要意义，引起学生对自我管理的认同；另一方面要逐步培养学生的调控能力和自我管理能力，这是促进学生自主学习的重要因素。

### 4. 自主性原则

高中语文教学实践的特殊性要求教师必须具有创新意识，必须全方位确立学生的主体地位，充分调动学生的积极性，注重学生个性的培养。现代教学理论认为学生是学习活动的主体，也就是要让学生自主学习。

在语文教学过程中，教师一方面要创造机会，乐于放手，要积极为学生提供自由思考的时间和机会，为全体学生创设一个主动探索的空间。另一方面要相信学生，敢于放手。学生是学习的主体，他们有自己的思维方式，有一定的知识积累，对一些知识的学习，学生独立或通过合作是能够解决的。教师要让学生在课堂有限的时间和空间内，多读、多说、多思，使学生真正成为课堂的主人。同时，大力创造学习的机会，学生能发现的教师不暗示，学生能叙述的教师不替代，学生能操作的教师不示范，学生能提问的教师不先问，使学生在力所能及的范围内主动跳起来摘果子吃，让学生自主运用所学知识去解决实际问题。

此外，语文教师要立足学生的实际情况，善于放手。高中语文教学不是无目的地放手，当学生对知识不理解或操作不规范时，教师要加以引导。自主学习并不意味着任由学生自己学，同样也离不开教师的导。教师要善于在方法上引导，在关键处点拨。

### 5. 反馈性原则

运用信息反馈原理，对高中语文教学管理进行主动而自觉的调节和修正，是反馈性原则的基本要求。在高中语文教学中，教师应当不断分析把握教学目标与课堂管理现状之间存在的偏差，运用自身的教学机制，因势利导，确定课堂管理的各种新举措，作用于全体学生，善于在变化的教学过程中寻求优化的管理对策，而不应拘泥于一成不变的管理方案。此外，应积极关注不同程度学生自主学习的完成情况，准确把握学生学习的反馈信息，并以此确定课堂指导的内容及策略，增强教师课堂指导的针对性及有效性，使学生的自主学习更为有效。

## （二）自主学习法的实施

高中语文课堂管理是语文教师在教学活动中通过协调课堂内各种人际关系，吸引学生积极参与课堂活动，使课堂环境达到最优化的状态，从而实现教学目标的过程。课堂管理的根本是创设良好的学习环境和条件，促进学生有效学习。有利于学生自主学习的语文教学管理，应该以满足学生的自主要求为切入口，以和谐的人际关系为基础，以学生的自我管理和自律为特征，以积极的师生对话为主要手段。为了促进学生的自主学习，高中语文教师可以采用以下管理策略：

### 1. 设置合适的目标任务

（1）创设具有挑战性的学习目标。教学目标是教师进行教学活动的指南，在多数情况下，教学目标是由国家、学校或教师来确定，学生只能被动地接受。在这种情况之下，如果教学目标设置不够合理，则会对学生的自主学习造成一定的消极影响。因此，高中语文教师设置自主学习目标时应注意：首先，应把提高学生自主学习的能力设为最终目标，并在教学中有意识地强化学生自主学习的能力，将其作为教学目标的重要部分；其次，应设置明确、具体、适度的教学目标来引导学生进行自主学习，并促进学生对教学目标的认同；最后，还可以以灵活的方式引导学生自主确立学习目标，体现目标确立的主动性、开放性和灵活性，使教学目标真正成为学生学习的要求和期望，起到激励学生去探究、去发现的作用。

（2）设置适当的语文学习任务。学生的学习兴趣来源于内驱力和外驱力这两种动力。在自主学习中，学习者对学习的需要主要源于已有的知识经验不足以解决面临的现实问题，为了解决面临的问题，学习者的学习积极性将被调动出来，形成学习的内部动机，这是一种积极、持久、力量强大的动机。在这种动机的激发下，学习者的自主学习行为才可以维持下去，也才可以根据自己的情况和外界变化对学习进行监督和调节。学生对知识的兴趣越强，学习的主动性、自觉性也就越强。因此，教师在组织学生自主学习时，应尽可能与学生民主协商学习任务，应给学生以一定的选择空间，以提高学生的学习兴趣，激发学生学习的内部动机。

### 2. 进行合理的教学设计

有利于学生自主学习的高中语文教学，应该凸显学生的自主学习过程，给学生充分的自主学习机会。学生自己能够掌握的学习内容应让学生通过自学、讨论先行解决，然后教师再针对学生不能掌握的内容进行重点讲解或指导。这样，在学生自学、讨论的过程中，充分发挥学生个体和集体的学习潜能，锻炼学生的自主学习能力，自学、讨论后不能解决的问题也可以为教师的精讲提供明确的依据。通过语文教师有针对性的重点讲解或指导，学生能够更好地获得问题解决策略。

有利于学生自主学习的高中语文教学流程主要包括确定学习目标、激发学习动机、自学教材内容、自学检查、集体讨论、教师讲解、练习巩固、学生小结等环节，这些环节构成流程图的主体部分。除此之外，还有教师指导、启发、反馈、评价这一模块，意指在学生确定学习目标、自学教材内容、自学检查、集体讨论、练习巩固等环节，教师主要起辅助、引导作用。

## 三、高中语文教学的情境式学习方法

### （一）情境式学习法的重要性

情境教学法是教学过程中，教师以引发学生的情感经验、提高学生对教材的理解和掌握能力、有目的地营造具体情境的教学方法。高中语文教学中积极导入情境教学法是语文教学实践贯彻落实立德树人、以人为本教学理念的重要表现，不仅可以提高学生的学习效率，还可以提升学生的道德素养，其应用的重要性体现在以下四方面：

第一，优化学生的价值观，强化学生的审美鉴赏能力。情景教学法为学生学习不同的语文知识内容营造了特定的情境，一定程度上培养了学生从不同角度看待问题和分析问题的能力，进而引导学生树立正确的价值观，使学生的审美鉴赏能力和综合素养在潜移默化中得到全面提升。

第二，引发深入思考，强化学生的思维能力和理解能力。与传统语文教学"满堂灌"的教学模式不同，情境教学法在高中语文教学实践中的科学应用，以情境营造的形式对学生分析语文内容发挥引导性作用，同时以学生在特定情境中的思维活动为基础推动学生深入思考语文知识点，与此同时，主动探究学习过程中遇到的诸多问题的解决方法。对于学生而言，这种方式既能活跃学生的思维，又能提高学生的思考能力、分析能力和解决问题的能力，从而使学生具备一定的阅读能力和理解能力。

第三，陶冶学生的情操，提升学生的思想境界。情境教学法的本质是对沉浸式教学环境的重构，通过这种环境重构使学生接受传统教学环境中所感受不到的文学感染和情操陶冶，其内在的先进文化可以使学生的心灵得到净化，使学生的思想境界在不断的学习探索中得到提升，情感境界得到升华。

第四，锻炼学生的创造思维，提高学生适应社会生活的能力。学校教育的最终目的是让学生具备适应社会生活的能力，而情境教学方法融入高中语文教学实践活动，可以为学生营造一种假设的社会环境，从而使学生积极发挥创造性思维，有效锻炼学生适应社会的能力。

（二）情境式学习法的实施策略

第一，创设生活化场景。生活化场景是学生所熟悉的生活常态，在高中语文教学实践活动中创造生活化的场景，可以给学生一种心理暗示，即语文课堂不再只是教室，还包括社会或大自然，学生需要悉心观察生活细节和生活现象，而在教师生活化语言描述以及生活元素等的辅助下，学生对生动形象的生活情境的感知也会随之更立体、更具象，其最为直接的影响就是拓宽了学生的眼界。

第二，音乐渲染情境，激活审美体验。提高学生的审美鉴赏能力是学校教学的核心素养要求之一，对于高中语言教学实践活动而言，学生的审美鉴赏能力主要体现在学生分析和理解文本内容的能力，以及以文本理解为基础发现美、感受美、创造美的能力等方面，其重点在于以有效的教学指导为媒介强化学生的文化理解能力和语言表达能力。因此，情境创设教学方法应用到高中语文教学，要求教师要认真思考，针对不同的教学内容导入不同的音乐渲染情境，使音乐旋律、音乐节奏与文本内容实现完美融合，进而在学生脑海中塑造更加立体和鲜活的形象。只有这样，才能加深学生对故事情节、人物性格特征、情感走向等的理解，才能给予学生良好的审美体验，高效化培养学生的审美能力。

## 四、高中语文教学的探究性学习方法

### （一）探究性学习法的原则

高中语文的探究学习更凸显学生学习的自主性，即自主选择学习内容、学习方法，自主制订和实施学习计划，以及对学习结果的自主评价。这种基于信任的自主探究必定可以推动学生探究能力的提升。在高中语文教学中，语文教师要为学生搭建自主探索、自主创造的平台，激发学生的积极性来应对问题情境或探究，使学生能充分发挥主体性。

#### 1. 差异性原则

差异性原则要求高中语文教师对不同学生的个体差异要有清晰的认识，要能够在教学过程中尊重学生的独立人格，促进学生个性发展，要针对不同学生的差异化学习需求提供差异化的教学服务，以培养学生的学习兴趣，调动学生的学习积极性和能动性，引导学生建立科学的学习态度。在学生的差异化影响下，学生对学习探究活动也会有不同的体验，进而形成带有主观色彩的评价和结论。基于此，教师要在高中语文课堂管理过程中，以学生学习兴趣保护和因材施教的教学方式引导，使学生的个人特长得以在不同的活动中得到发挥。因此，探究学习中最重要的一个原则就是要从实际出发，承认和尊重差异性，为学生创造性的发展提供自由的环境和条件。

#### 2. 主体性原则

教育的根本目的在于培养、发展和弘扬学生的主体性，学生作为语文学科教学活动中的主体，其积极参与和自主活动的程度都与语文教学活动的开展直接相关。对高中语文教师而言，其教学任务不仅停留在知识的讲解与传授上，更应该充分调动学生的能动性、自主性和创造性，培养与发展学生的探究态度和探究能力。语文探究活动是一个综合性的活动过程，具有多侧面、多途径、多方法的基本属性，活动的完成需要经历观察思考、提出问题、探究方案设计、检验假设、提出答案和解释、预测，以及与同学就探究结果进行交流和讨论，而这个过程必须在学生的主动参与下才可以高效、优质地完成。与此同时，通过探究活动，学生也完成了对认识冲突的解决任务，这都离不开学生的坚持观察、思考和实验探究等。

#### 3. 情境创设原则

为激发学生的探究兴趣，语文教师应注意了解学生所关注和感兴趣的问题，然后将那些真正来自学生和属于学生、联系学生生活和社会实际的问题纳入课堂。在高中语文教学过程中，教师应通过创设问题情境、真实的生活情境、实验探究情境等多种情境，激起学生思考的冲动，加强学生对知识的重组和改造，保证学生对知识的意义建构，提高学生发现问题和解决问题的能力。这样就将学生带入了一个问题情境，激起了学生的探究热情。

### （二）探究性学习法的实施

#### 1. 探究学习法的内容选择

探究学习的课堂内容即探究内容，是探究学习目标的载体，是选择学习材料、安排教学环境和教学条件的依据。虽然探究学习具有接受学习所没有的优点，但是并非所有的内容都适合探究。因此，高中语文教学探究内容的选择就显得尤为重要。选择探究内容应以探究目标、学生的学习准备情况和学习特征为依据。不仅要注意科学性，还要注意个性化和社会化，即要与个人和社会的生活紧密结合。因此，探究内容除了高中语文教科书上现有的探究内容外，还应选择一些社会生活问题以及学生自身发现的问题。

#### 2. 探究学习法的教学设计

成功的课堂教学与成功的课堂设计是密不可分的。高中语文教学探究学习的教学设计应从以下三方面着手：

（1）制定探究目标。探究目标是探究活动主体在探究活动预期要达成的最终效果，是进行高中语文教学设计的出发点和落脚点，因此具有预见性和目的性，而在探究活动中，确保探究目标的合理性和适当性是探究方案设计的重中之重。通常来讲，探究活动对学生的知识技能、思维情感、行动方式所产生的影响，并最终呈现出来的变化就是探究目标的达成情况。

（2）创设问题情境。高中语文探究学习实质上是问题解决的学习，问题是整个学习过程的核心和关键。因此，创设与探究主题有关的问题情境，在教学内容和学生求知心理之间设障立疑，引起学生对知识、对科学、对人生的兴趣，激发学生的探求欲望是探究学习首要和关键的一个环节。在探究学习中可通过四个途径创设问题情境：①通过学科之间的横向联系创设问题情境；②通过日常概念和科学概念的矛盾冲突引发问题情境；③利用多媒体创设问题情境；④通过精心策划的课堂讨论创设问题情境。

（3）设计探究方案。探究方案作为指导探究学习的指南，是决定探究学习成败的关键。因此，语文教学方案的设计既要遵循科学探究的基本过程，又要基于实际情况的需要。具体而言，可利用实验、科学史，结合生活实际、调查访问、查阅文献资料等形式来设计语文教学探究方案。

### 3. 探究学习法的过程管理

（1）语文课堂纪律的保持。通常一个班级有几十名学生，高中语文教师既要引导学生自主探究，又要保持课堂良好的秩序，管理任务自然是繁重的。如果教师一人承担管理任务，大部分精力就会耗费在纪律问题方面，就不会有充足的时间帮助学生探究问题，也就无法保证语文教学任务按时完成。把高中语文教师从繁重的管理任务中解脱出来的一个有效途径就是适当下放管理权，动员全班学生都参与纪律管理，师生共同制定一些管理条例，明确每一个学生的义务与职责，同学间互相管理，人人自我管理。

（2）语文教学组织形式的安排。语文探究学习常常是合作式的活动，学生之间大多数以小组为单位进行探究学习活动。但在分组情况下，也会出现积极参加者和消极被动者。为使每位学生都有充分参与的机会，教师应控制小组的规模。小组的规模取决于学生的年龄、探究的条件及性质，在教学阶段一般以 3~4 人为宜。另外，有些情况是可采用全班和个人单独活动形式的，如当学习对象或任务比较简单，个人经过努力后能独立完成的，就应该采用个人单独进行；在活动最后总结经验时，也要采用全班讨论的形式。因此，高中语文教师要根据学习任务的性质以及学习进程设计教学组织形式。

（3）语文探究时间的安排。高中语文教师在设计探究学习时，要对具体的探究过程做到心中有数，做到能够比较精确地预估每一步骤所需的时间，把握好整体时间的分配，使整个探究活动的节奏加快，转换自然，避免无谓的时间遗失。

# 第四节　新课改下的高中语文教学方法

在新课程的实施过程中，高中语文课堂的创新教学呈现了一种全新的模式。然而，在实践中，这种新的教学模式往往会受到总的教育体制的制约。无论采用何种方法，都要有针对性地制订相应的教学计划，并在一定程度上进行创造性的改革。在新课程改革的大环境下，如何提高学生的语文素养，是目前最迫切需要解决的问题。

在传统的语文教学模式下，课堂氛围往往是单调乏味的，教师讲授的内容过于单调，致使语文学习模式停滞，难以打破。教师和学生对传统的教育提出了疑问，认为传统的语文教育只能抑制学生的创造性，制约了学生的长期发展。因此，必须转变传统的一成不变的教育理念，改革教育方式。在新课程改革的背景下，教师必须在实际的教育实践中不断进行思想与方法的革新。

## 一、高中语文课堂教学效率的影响因素

### （一）课前准备的充足性

教师在课堂上有没有做好准备，是决定课堂教学工作能否顺利进行的前提。教师的工作是备课，学生的工作是预习。教师的工作是为课堂讲授奠定基础，而学生的预习则是为课堂学习奠定基础。对于教师的工作来说，教师必须顾及上课的内容、学生在学习过程中所可能出现的问题、在课堂上各个阶段所占据的时间比重等；而对于学生的预习工作来说，学生必须在预习时做到先通读课文，以扫除陌生词汇、对理解的课文内容产生总体印象并思考文章主题。课前准备是否充足，决定了在课堂上师生之间和生生之间的交流能否高效，协作能否愉快，互动能否有成果。

### （二）课上教学的有效性

课堂教学的效率，是影响有效课堂建构的重要因素，也是语文教师在建立一个有效的教学系统时，最需要处理的问题。有效的课堂教学，包含教师的教和学生的学。教师要在课堂上充分发挥引导作用和辅助性作用，而学生要充分利用学生的积极性和主动性，才能提高课堂教学的效率。在课堂教学过程中，教师可把学生分为几个学习小组，并规定学生以分组为单位进行教学任务，这样可以在促进学生合作能力发展的时候，提高学生对所掌握知识点的了解与把握，使有效教学体系得以形成。

## 二、新课改下高中语文教学方法的创新思路

### （一）提高学生的自主探究能力

在中国传统的教育课堂中，教师的教学方法一般都是采用口述和板书的形式完成对课程内容的介绍，可是这种的教学方式并不能提高学生的学习热情。所以，教师在课堂模式创设过程中，就必须考虑周全，要根据学生的实际状况营造轻松愉快的课堂学习气氛，因为只有学生在上课的教学过程中积极主动地完成对知识点的研究，才能够切实地进行自身能力的提高。而分组合作的形式则可以使每个学生都在课堂教学中发挥积极性，与其他学生共同完成对知识点的研究。想充分发挥学生在课堂中的主体功能，教师需要转变传统的教学理念，把教学的时间交给学生，让学生在教材教学中开展自身的研究，同时找到在教学中出现的问题，进而与同伴一起找寻方式处理问题，与同伴进行配合，从而实现学习效

果的提高。

## （二）激发学生的想象思维能力

高中学生正值青春期和叛逆期，学生们面对问题不再会全盘接受老师的看法，而总是希望通过自己的尝试去寻找答案。身为高中语文教师，必须全面了解学生的这一身心特点，而不能盲目地、单纯地采用常规的灌输式课堂教学手段，因为此方法势必会造成学生们极大的反对心态，而这种方法培训出的学生只是效仿者，不会成为思维方法的创新型人才，这严重背离了学校培养学生创新性思维能力的教育目标。

所以，高中语文教师必须对学生持着欣赏的心态，多和学生开展公平的交流与互动，指导学生深入思考，引导学生自由展开，调动学生充分的想象力，并努力给学生搭建一种健康高效的课堂教学环境。虽然，高中语文课本收录的都是经过精心遴选的名家名篇，但终究是"一家之言"，这就要求高中语文教师在实际课堂教学中，要引导学生大胆思索、各抒己见，并力求他们张开想象的翅膀，在思维的交锋与撞击下感悟更深层次的思想意蕴。

## （三）优化课堂结构，更新教学模式

目前，我国高中语文课堂教学在很大程度上仍是以教师为主导，对学生全面、系统地"灌输"各种语文基础知识，忽略了学生在课堂上的主体性作用，从而影响到学生的逻辑思考与主体人格的协调发展。在新课改下的课堂教学中，不仅要注重对教学的基本规律的严格遵守，而且要注重在教学内容和教学方式上进行革新。课堂上，教师应注重让学生真正参与起来，引导学生主动获得知识和创造能力。只有这样学生在课堂上才不再是被动地接受知识的灌输，而成为自主的科学求知者和科技的探索者。所以，教师要真正改变"满堂灌"的教学方式，倡导以学生为主体的教育活动。

## （四）落实分层教学，兼顾高效课堂

高效课堂构建绝非仅仅着眼于部分优等生，也不是全部把精神偏向于后进生，而是要找到科学合理的均衡点，最大化提升学校整体的发展水平，使每一位学生都在原有的层次上获得提升，这也是建立高效课堂教学体系的精髓。高中生语文学习水平具有很多差异，而这种的差异既体现在教学方式、方法能力上，也表现在目标实现程度以及情感努力程度等方面。在不同的状态基础上必须建立与其目标相适应的层次要求，教师在课堂上也必须立足于高效的课堂教学建设目标，对学生实施层级设置，明确学习需求，在课堂管理工作中也要始终以层次要求为导向，有序进行各项课堂管理工作。

# 第三章　高中语文教学的多元模式构建

## 第一节　STEM 教育理念下的高中语文教学模式

STEM 实际上是四个英文单词首字母的缩写，指的是科学、技术、工程以及数学。在实际的教学过程中，各个学科都是独立存在的。但是生活中每门学科都是相互关联、相互支持的。因此，实现多学科的协作教学就显得尤其重要。但是目前无论是实务界还是学术界，都没有形成一套较为完善的 STEM 教育理念，各个学科仍然在不断地探究中。STEM 课程教育的重点是培养学生在四个领域方面的能力，分别是科学素养、技术素养、工程素养以及数学素养。比如，像数学素养培养的就是学生在多种情境下的数学问题解决的能力，而工程素养是对技术开发和设计过程中的理解，均是由学科渗透出来的某项能力。在高中语文课堂教学中的融入，本质上就是将各类知识点进行融合，提升学生的综合素养，培养学生运用工程、技术、语文等领域知识解决问题的能力。

### 一、STEM 教育理念在高中语文教学模式中的作用

#### （一）增强学生的兴趣

高中阶段的语文学习是非常枯燥的，内部包含很多古诗、文言文，阅读的文章也是非常深奥的，学生在学习时比较困难，学习的积极性也不高。通过融入 STEM 教育理念，则可以将传统的单一式语文课堂进行转变，通过融入多样化的教学策略，将语文内容和 STEM 教育中的相关理念进行结合，可以在很大程度上提升语文课堂学习的趣味性，优化语文课堂教学的质量。

#### （二）开阔学生的视野

众所周知，语文是一门以文字为基础的学科。高中阶段学习语文的目的就是为了提升

学生的语言表达能力、思维能力、写作水平等。但是很多教师在开展教学时，往往是以课本为主，并不注重基于课本拓展课外内容，这也使得在传统教育模式下，学生的语文素养难以得到提升。基于 STEM 教育理念，构建高中语文课堂的教学模式，可以在课堂中融入一些和技术、数学等相关的知识，这在无形中会使学生的语文视野得到开阔，学生的整体水平和素养也会有所改善。

### （三）提升学生的综合素养

STEM 教育包含了四门学科，分别是数学、工程、技术和科学，强调的并不是四门学科的独立，而是彼此之间的关联性、支撑性。在高中语文课堂中，融入 STEM 教育理念，实际上就是要渗透各个学科的核心素养。比如，技术素养有利于提升学生的理解能力，这便可以在更大程度上帮助学生对一些较难的古诗文进行分析。很显然，在高中语文课堂教学中，融入 STEM 教育理念是提升学生语文综合素养的一种有效方式，也能够为未来的社会培养更多优秀的人才。

## 二、STEM 教育理念下高中语文教学模式种存在的问题

第一，教师的语文教学手段较为单一。教学手段指的是在课堂开展教学时，教师采用何种方法，比如情境教学法、多媒体教学法等。这些教学方法的合理应用，是有利于提升学生对语文课程学习的兴趣的。但是 STEM 教育和学科的结合并没有一个较为成熟的理论，教育界还在不断地摸索中。部分教师在融入 STEM 教育时，往往比较注重学科的表面结合，不注重丰富教学手段的融入，这也使得学生的参与度不高，教学质量较差。

第二，STEM 和语文教学的结合不够紧密。STEM 和语文教学内容的结合，并不是单一地在语文课堂中向学生阐述不同学科的知识，而是挖掘语文文本中所渗透的这些内容，或者由语文知识引出这些内容，深度结合之后再进行分析和探究，以达到开阔学生知识面，提升学生预习效果的目的。但是很多语文教师在融入 STEM 时，自身对其并不了解，在实际融入时，也难以发挥出作用。这就需要加强培训，提升教师的整体能力，这样才能够为 STEM 教育更好地在高中语文教学中的渗透奠定基础。

第三，未确立学生在课堂的主体地位。受应试教育的影响，很多高中语文教师都很难真正地在课堂中确立学生的主体地位。虽然近几年的教育改革如火如荼，但是部分语文教师在华丽的改革背后仍然使用灌输的教学方式。尤其是在将 STEM 教育的相关内容结合时，有些教师就是简单地在课堂上向学生讲述一下其中所蕴含的知识和道理，缺乏对学生的引导和启发，这也必然会影响高中语文教学中 STEM 教育的渗透。

第四，教师缺乏对 STEM 教育理念的认知。STEM 教育是一种新型的教学理念，其强调各个学科之间是存在关联的，同时要将这种关联融入课堂教学中，提升学生的综合素养。在高中这个阶段，语文教师的教学任务是非常重要的，教师会将所有教学的重点放在最终教学的目标上，并不会注重学生综合素养的提升。加之很多教师对于 STEM 教育理解的认知度不够，也使得其和语文教学进行结合时难以发挥出作用。

## 三、STEM 教育理念与高中语文教学模式的融合

第一，STEM 教育理念在高中语文教学中融入的原则。STEM 教育理念在高中语文教学中融入的原则见表 3-1。

表 3-1　STEM 教育理念下的融入原则

| 原则 | 详解 |
| --- | --- |
| 教育性 | 融入 STEM 教育理念时应明确融入的方向以及目的，发挥出其在语文课堂中的教育意义。 |
| 启发性 | STEM 教育除了强调各个学科的融合交流之外，还强调促进学生综合素养的提升。因此，在高中语文教学中融入 STEM 还需要遵循启发性的原则，循序渐进对学生进行引导，继而达到提升学生语文学习能力的目的。 |
| 学生主体性 | 基于 STEM 教育理念构建高中语文教学模式，应从学生的学习能力、兴趣等出发，合理地创设教学的内容和方法，同时在课堂中也要鼓励学生思考和探究，让学生在实践的过程中掌握知识和能力。 |

第二，STEM 教育理念在高中语文教学中融入的途径。STEM 教育理念在高中语文教学中融入的途径很多，比如 STEM 技能的整合、STEM 能力下的语文基础知识、STEM 语文教学方法的整合等。通常 STEM 会采用任务驱动教学模式，将语文知识和多个主题结合在一起开展教学，在任务的驱动下，学生需要使用科学、工程、技术以及数学等方面的技能，继而实现语文知识的学习以及任务的完成。当然除了任务驱动之外，还要通过挖掘语文文本中所包含的和 STEM 相关的知识或者是技能，采用多样化的教学方式进行展示。

## 四、STEM 教育理念下高中语文教学模式的构建策略

### （一）加强培训，提升对 STEM 教育理念的认知

STEM 是一种新型的教育理念，对于当下很多教师来说都是非常陌生的，如果对这个

理念没有完全掌握，那么在运用时必然会非常困难，也会浪费教学时间。根据相关调查发现，在整个教学过程中，教师的专业素质在整个教学成果中起着非常重要的作用。通常综合素质的高低会对教师的执教水平产生直接影响。因此，想要在高中语文课堂中将 STEM 教育发挥到极致，就需要提升教师的综合素质，加强教师对 STEM 教育理念的认知，了解其发展的规律和特点。采用恰当的方式，在高中语文课堂中融入，实现对语文教学的创新。

首先，需要在学校内部融入培训会、讲座、教研活动，鼓励教师合理地安排时间，积极地参与。在参与的过程中，明确 STEM 教育理念所包含的思想以及相关目标，引导学生全身心地参与到学习中，和他人积极地开展交流。其次，教师也可以利用空余时间自主学习，比如在网络上寻找和 STEM 相关的教学视频，了解 STEM 的概念，和其他教师研讨 STEM 融入教学中的方法。教师可以通过多种学习和交流的模式，提升自身对 STEM 的认知，构建高效的高中语文课堂。

## （二） STEM 教育理念和高中语文阅读教学的结合

阅读是高中语文阶段非常重要的一个内容，对提升学生的语言表达能力、文化水平等都具有重要意义。教师可以基于 STEM 教育理念实现和高中语文阅读教学的结合。在和语文阅读教学结合时可以有以下两种思路帮助高中生完成阅读的训练，提升语文阅读的水平。

### 1. 挖掘文本中的 STEM 元素

就高中阶段而言，各个学科是相对独立的，不同的学科会有不同的教师传递知识。然而在实际生活中，各学科之间是存在关联性的。比如，语文这门学科就是其他学科学习的基础。想要提升学生的综合能力，就需要将各个学科融合在一起，培养学生的思维，提升学生的创新能力。以《沁园春·长沙》为例，教师就可以首先基于多媒体为学生创设和该课文主题类似的情境，通过情境引导学生思考，逐步激发学生对文本学习的兴趣。比如，教师在课堂中播放《沁园春·长沙》中的橘子洲、鹰击长空等画面，学生便可以在脑海中初步产生对长沙秋景的感受。接着教师可以融入 STEM 的教育理念，向学生介绍长沙这个地区的地理位置、气候特征以及文化等，实现多学科的结合，同时也可以更好地帮助学生领悟《沁园春·长沙》所描写的内容和情感。这就是基于文本挖掘 STEM 元素，实现多学科结合的一种体现。由上述案例可以看出，在融入长沙的地理位置、气候以及文化特征之后，教师可以带领学生更好地感悟当时作者的所处之地以及相关情感，同时也开阔了学生的视野。

### 2. 融入项目协作学习方法

项目协作学习方法，实际上就是 STEM 教育理念的一种体现，强调的是两人或两人以上组成一个小组，完成教师所布置的活动。协作的重点是引导学生利用所学习知识去帮助其他学生解决遇到的问题，提升自身现有的知识量以及相关能力。协作学习的具体教学方法一般包含三个步骤：

第一，设定学习任务。

第二，进行分组。基于学生的学习兴趣、能力，把学生分为 4 人一小组，开展合作，即对教学的内容进行探究。

第三，进行交流分享。在规定时间结束后，就要随机邀请小组学生对项目进行总结。在相互分享的过程中，加深学生对该篇文章的理解，提升学生的语文阅读能力。

## (三) STEM 教育理念和高中语文写作教学的结合

在高中语文课堂中，融入 STEM 理念，是对传统语文教学的创新，能够极大地提升学生对语文阅读的兴趣。如果教师能够基于学生的心理和生理的特点，合理进行引导，必然可以取得较好的教学效果。在高中语文教学中，作文一直是学生学习的难点，很多学生提起写作文就犯难。基于此，教师也可以融入 STEM 教育理念。首先，可以基于数学、科技等领域的知识，布置写作任务，实现各个学科和写作的结合，丰富学生的写作素材；其次，在开展写作之前，可以融入技术学科的思维，先设置框架，然后构建思维导图，明确写作的内容、方向，保证所创造的文章具有严谨性、可探究性。

## (四) 基于 STEM 教育理念融入多元化的评价模式

STEM 教育理念在高中语文课堂中的应用体现在方方面面，比如教学内容的丰富，教学模式的创新，为了更好地在高中语文课堂中应用，可以设置一个多元化的评价模式。在评价模式中可以融入教师评价、学生评价、综合成果展示评价这三个方面：教师评价主要集中在对学生课堂参与度评价、作业完成度评价；学生评价体现在学生对课堂模式构建的评价、对教学任务布置的评价等；综合成果展示主要体现在学生测评结果、学生阅读能力等。融入这种多元化的评价模式，可以提升学生的参与度以及教学的质量。

# 第二节　高中语文教学的基本课型模式

## 一、阅读课型模式

阅读课又称为教读课，是日常教学中使用频率最高的课，是日常语文阅读教学中传统的主流课型。它在中学语文教材上占有较大的比重，是中学语文学习的重要组成部分，是学生开阔视野、培养语感和思维能力的重要手段。必修课程包含"阅读与鉴赏"和"表达与交流"两个目标，由此可以看出，如何充分发挥阅读课的教学功能，使学生养成良好的阅读习惯是我们课型模式探讨中值得注意的问题。

## 二、写作课型模式

写作水平是学生各种语文能力和教师语文教学水平的综合体现，写作能力是现代必须具备的重要能力之一。作文教学是语文教学的一个重要环节，但作文教学又是最难以操作的一项教学工作，作文教学一直在苦苦挣扎。写作课是一种综合性的创造性的课型。写作课是融写作知识的学习与运用于一体，集合了写作的指导、训练、评改等教学要素，旨在培养学生良好的道德品质和健康的审美情操，提高学生的写作技能，增强语言表达技巧的一种课型。

然而，现实中作为语文教学重要一翼的写作教学，对一线语文教师而言，依然是所有基础学科课程教学中最难控制的一门课程。原因有三：

第一，现行教材缺乏系统的作文训练安排，教师根据经验各显神通，热闹非凡。

第二，教师的教学缺乏计划性，随意性很大，缺乏科学性。

第三，从学生的角度看，学生对写作题材的选择与处理、对作文中心的提炼以及写作语言和写作技巧等都存在方方面面的问题。

作文教学要达到解放学生写作"生产力"的目的，就要教师的引导下，开展丰富、有创意、有实效的实践活动，让学生在大量的写作实践中掌握运用语言文字的规律，从而做到"自由表达"和"有创意的表达"。

## 三、复习课型模式

复习课主要是通过对复习内容进行合理的系统归纳、梳理、综合、重组，构成知识框架，帮助学生建立知识内在的联系和结构，以巩固语文知识并提高运用语文知识解决实际问题能力的课型。它是相对新授课的一种课型。复习不是简单地重复，不是单纯地做题，复习的目的在于提高。复习是在更高的起点上对过去的知识进行再认识，进一步全面认识概念、规律的内涵与外延，厘清知识之间的逻辑关系，形成科学的知识网络。复习是通过解决实际问题加深对知识之间内涵及相互联系的理解，使已有知识升华为新的能力，巩固知识网络，最大限度地提高能力，减少遗忘。复习课按复习内容，可分为单元复习课、专题复习课和试卷讲评课等不同类型。

## 四、活动课型模式

语文活动课强调学生自身在参与各种实践活动中进行语文学习，提高听说读写能力，发展语文素养，达到知识积累与思想情感锻炼的有机结合。语文活动课就是一种指导学生进行语文综合学习活动的课程，是以学生体验为特征，它在时间和空间上有很大的开放性，打破了以往的课程常规，给学生以很大的学习自主权，极大地满足了学生读书成长和积极实践的求知欲望，具有很大的优越性和时代意义，同时也是发挥学生个性特长和提高学生全面素质的重要教学渠道。面对这一全新的课型，一线语文教学工作者围绕如何上好这一类活动课，都必须进行认真深入的探索。

# 第三节　高中语文专题教学及其模式构建

## 一、高中语文专题教学的内容确定

专题教学作为一种以专题为单位、以自主研究为主要学习手段的教学模式，在当今的语文教学中广受好评。开展专题教学，第一步就是要确定教学内容。专题教学因为其需要海量的教学资源，让许多教师望洋兴叹或浅尝辄止，问题就在于整合教学资源的复杂性。本节从专题教学在整合教学资源上的可能性和必要性入手，详细阐述专题教学在整合教学资源方面的措施。

（一）专题教学中整合教学资源的必要性

### 1. 教材内容的零碎性

现今各种版本的语文教材多以多篇课文形成单元，以"文选式"和主题框架式两种编排结构为主。这样的体系使得各个单元划分依据不统一，内在联系就会显得不够紧密。这样的教材编排让教师很难把握教学的梯度，也让学生对教材内容理解具有片面性。

究其原因，是教材编排在结构上存在一定的问题。文选式的教材在选文上注重文本的经典性，但忽略了文本与文本之间、单元与单元之间的联系。主题框架式的结构多以一个主题进行选文，这样确实照顾到了文本之间的联系，但往往无法兼顾教学内容的梯度。这种主题先行的做法偏重语文教学的人文性，但容易抹杀语文教学的基本要素。

专题教学就能够在很大程度上弥补教材编排的缺陷。它以专题为单位进行教学资源的整合，有利于在原本单篇的课文或以单元组织为单位的课文之间建立联系，不至于导致教学内容烦琐零碎和简单重复，更易于将各类语文学习的基本要素统一于一个主题之下。这样做既有利于学生在更高层次上对教学内容的理解，也有利于将基本要素落实在专题教学之中。

### 2. 教材资源的局限性

"教教材"还是"用教材教"这一矛盾争论的焦点在于教学资源的界定。在高中语文教学中，语文教材为语文学习提供了一个相对系统的教学依据，但教师不能完全囿于教材，要主动积极地面对教材，充分展示教师的个性和教学的个性。若仅将教材作为教学资源，范围过于狭隘，势必会限制学生的知识面。事实上，教师只有树立对教材空白或缺陷填补的意识，才能充分展示学生的个性，拓宽学生的视野，发挥一名教师对课程的应有价值，这才是一位有担当的教师应有的教材观。

## （二）专题教学在内容设定上的实施策略

### 1. 古诗文专题

（1）古诗词专题。古诗词专题主要集中于诗词曲赋一类韵文的学习。首先，古诗词教学要抓住诗歌的特质。诵读是古诗词教学最重要最基本的方法，要引导学生在反复吟诵中理解诗歌中呈现的意象，体会诗歌创设的意境，从而达到对诗歌主旨的掌握和艺术手法的理解。同时，也可以运用对比、延伸等手段将各类艺术手法化难为易。其次，古诗词专题遵循一般的学习顺序。一般而言，古诗词教学由"知人论世"入手，在了解作者的创作背景和整体创作风格后，再鉴赏诗歌内容和艺术技巧。当然，也可以反其道而行之，就是先阅读文本，遇到障碍后再"知人论世"。相比较而言，后者耗时要多一些，但更符合认知心理。最后，抓住一首诗或一类诗的特质。一首诗的学习若面面俱到，那可能都是"蜻蜓点水"，最终可能什么都没学到。一组诗的学习更是如此，要确定一个相对集中的学习主题，才能形成有机的联系。

（2）文言文专题。文言文专题的学习所选篇目以传记为主，在教学目标上集中于两个方面。①培养学生正确的价值观。意大利哲学家维柯①在《论人文教育》中高度肯定了德行与智慧的重要性，甚至提出"真正的学识是自由意志（即无限的善）"。因此，在文言文专题的传记教学中所选篇目兼具思想性和人文性，注意努力培养学生正确的价值观，极其树立正确的人生观。②培养学生积累、掌握和运用祖国语言文字的能力。落实文言文字词是文言文教学的基本内容，也是学生学习目标的基本要求之一。教师可以通过文言文教学，引领学生感受祖国语言文字的独特之美，体会中华文化的博大精深和源远流长，增强学生热爱祖国语言文字的感情，增强学生对中华文化的认同感。

### 2. 以主题为主的专题教学

（1）作品为主的专题教学。这一形式的专题主要以整本书阅读而呈现，文本选择和教学设计既可以是功利的，也可以是审美的，或者是二者统一的。如选择传记和小说作为专题教学的文本，将传记和小说的写作方法和技巧融于教学设计之中，从某种程度上来说就是功利的，因为这些文体的文本是高考必考类型，因而也不用刻意回避。若仍选择以上文本作为专题教学的材料，将教学重心倾向于人格魅力和精神，体会作品的艺术魅力的话，这从某个侧面上来说就是审美的。无论是功利的还是审美的态度投身于专题教学的教和学，都要将文本理解作为第一要义，所选择的作品要求具有相当的深度和张力，能够给人带来深沉的思考，具有足够的思维空间。

（2）人物为主的专题教学。在确定人物时要注重人物的丰富性、多元性和复杂性。如以李白或杜甫为专题，要尽可能多地选择作者人生发展轨迹中的重要事件，展现作者在不同时期的心路历程；以王安石为专题的话，则要选取不同的角度评价王安石的作品，从具体事件中分析王安石的功过得失；以鲁迅为专题，则需要选取不同文体的文章或作品，理解鲁迅的创作思想和风格。总而言之，以人物为主的专题，最主要的是要做到知人论世。

（3）话题为主的专题教学。教学选取的话题要具有深度、情怀、热度或矛盾统一性。如以雾霾为话题，要带领学生了解雾霾的起源、雾霾的影响和应对雾霾的策略等；以自由为专题，则要引导学生对自由的内涵和外延加以理解以及思考自由在现实生活中的体现，指导学生阅读有关自由主题的作品等；若以一带一路为专题的话，则要将一带一路的渊源和发展梳理清楚，由此可见，以话题为主的专题更多关注的是事件发展的脉络。

---

① 维柯（1668—1744），意大利伟大的哲学家、语言学家、美学家和法学家，在世界近代思想文化史上影响巨大，其著名代表作有《新科学》《普遍法》及《论意大利最古老的智慧》等。维柯出生在意大利南部的那不勒斯，终生都生活在异族的统治下。

### 3. 美文、时评与影评的专题教学

（1）美文教学。①"美文"的概念界定。有关"美文"的概念，当今各类词典都没有明确的解释。我们在专题教学中所选取的美文不局限于叙事抒情的散文，也可以是诗歌，也可以是杂文等。总之，给人以美感的好文章都可以纳入美文之列。②美文专题学习的目标。在美文专题教学中，我们大致设立了两大目标：能力目标和情感目标。能力目标的培养主要包含：感悟并理解叙述抒情散文的字词句，仿写语段；了解、学习诗歌的重要艺术手法；理清杂文和有一定深度的论文的写作思路和结构等。情感目标主要集中于在语文学习中形成自觉的审美意识和高雅的审美情趣，运用正确的审美观念去欣赏美和评价美。

（2）时评教学。①通过时评教学，引导学生关注、参与当代文化。时评是一种具有及时性的文体样式。开展时评教学有利于引导学生对一个问题或一种现象做深刻思考、做精细加工。这样深层次的挖掘对培养学生严密的思维能力具有不可小视的作用，有利于提升学生的思维水平。这种提倡尊重多元、合理主见的时评教学对培养学生的批判性思维更是意义重大。②通过时评教学，引导学生写评论性的文章。现今的高考作文对社会焦点是从不回避的，若能将时评教学与高考写作建立适当的联系，也不失为一种既接地气又高大上的教学方法。

（3）影评教学。影评专题教学主要分两步走。第一步：观赏电影，学习优秀的影评；第二步：将优秀影评的写作方法运用到议论文的写作中去。在选择影片时，注重德育和美育的功能。在教学内容和效果上注重对学生审美素养和写作能力的提升。这一方法有利于整合各种课内外教学资源，从而打通课内外各种不同领域教学资源的壁垒，优化语文教学。

影评与议论文的相同点都在"评"，其指向重在分析与评论，只不过影评是抓住电影艺术的特质，对一部电影的各要素进行的评论；而议论文是对某个问题或某件事进行的，它的范围更加广泛。但是在某种程度上影评的思维模式和议论文的模式是相通的，如写作主题、行文思路等。

## 二、高中语文专题教学的模式建构

专题教学是以专题为单位、以自主研究性学习为主的教学模式，注重在研讨中生成思想，提升学生的思维品质。专题教学经过多年的探索，在实践和理论方面都取得了长足的发展。专题教学虽以新颖的理念得到众人的称许，但却有曲高和寡之势。原因在于专题教学没有固定的模式可循，在实际教学中难度较大. 因而影响了推广。

（一）专题教学模式构建的原则

第一，以学情为基础。对学的研究是教学的起点，所有的教学内容和教学技巧都应该以学情为基础。忽视了这一点，教学就成了空中楼阁。可能很多教师能够认识到这一点，但却只有少数教师能够真正关注学情，多数情况都是根据自己的经验想当然地进行教学设计。

第二，兼顾人文性和工具性。传统语文教学有着明显的人文性不足的缺陷，且不论各位教师的教学艺术，只看教材内容的编排就可见一斑，教材中几乎很少有戏剧、音乐、雕塑和电影方面的内容，更别提哲学和美学。然而这些却都是陶冶情操、滋养性灵不可或缺的内容。故教学内容的建构不能"唯高考论"，要有更深厚的情怀，要多为学生的终身发展与成长着想。

第三，体现综合性与实践性。"综合性"主要体现在教学文本的选择和教学资源的重构上。"实践性"则更多地体现在专题教学中所包含的大量自主研讨活动中。而每一个专题的最后的小论文写作则是综合性与实践性的合二为一。

第四，专注课本，超越课堂。专题教学在确定教学内容时，必须从课内出发，再向课外延伸。若仅仅专注于课本，那就不是专题教学；若完全抛开课本，另起山头，会让学生和教师摸不着头脑。因而，专题教学必须植根于课本，整合课内外教学资源，寻找专题教学的切入点，在传播知识的同时渗透情感教育和人文教育，努力做到专注课本，超越课堂。

（二）专题教学模式实施的策略

第一，以作品为研究对象。一般是以一部作品为阅读对象，也可以是两部以上的作品比较阅读，与整本书阅读比较类似。这类教学模式比较适合精读，在充分保证阅读原著时间的基础上，师生共同探讨作品中有价值的问题，分析比较各种不同观点，逐渐将自己的质疑形成问题，并围绕问题搜集资料，最终定向写作，完成研究性小论文。

此类专题相对来说问题研讨比较集中，易于共同探讨，深入挖掘，也更容易碰撞出思维的火花。针对不同体裁的作品，阅读的方法也有所差别。比如，小说类的作品，我们多通过三要素的解读理解小说的主旨；历史类的作品，我们更多关注历史史实、历史原因和意义；社科类的作品我们则要着眼于其核心概念、逻辑结构以及解决问题的方法等。若我们用读小说的方法来读历史就会看不到历史的真相，若我们用读历史的方法来读小说则不能理解小说的真义。比如，我们读《三国演义》这本小说来考察三国时期的历史，肯定会错漏百出、贻笑大方的。因而，我们提倡学生读一类书应该总结读一类书的方法。

第二，以人物为研究对象。以人物为研究对象的专题教学能够让学生全方位、多角度地感知人物，将人物放在具体的历史背景下考察，设身处地地感知作者的心绪、情感和写作意图，不会架空文本做想当然的解读，学会知人论世。

第三，以主题为研究对象。以主题为单位的专题教学，除语文教材中现成的活动专题外，教师还要整合课内外的教学资源，范围广泛，具体教学内容是和学生商讨后设定的。此类专题具有明显的自主探究性，学生和教师在这种教学模式下，资源共享，平等对话，学生有了更多的"发言权"，且教师在这种以问题研讨为主的教学情境下，不得不深入钻研教学文本，改善教学方法，这样一来自然能促进教师的专业成长。以主题为研究对象可以研究文化现象，也可以研究社会现象。

# 第四节　高中语文创新型教学的构建模式

构建高中语文创新型课堂有利于学生全面发展、高效学习。教师要充分利用教材，坚持学生本位，在课堂教学中坚持守正创新原则、德育为先原则、学科融合原则，以创新教学理念、手段、课程及评价方式，来增强语文课的人文性与综合性，助力学生提升学科核心素养。

## 一、高中语文创新型教学理念

现在高中语文课堂须充分利用教育信息化改革成果，教师要树立信息化育人理念，将数字资源转化为构建语文高效课堂的必要条件之一。

首先，教师要坚持创新教育理念，将创想、创讲、创写的主动权交给学生，使学生在增强创新意识的前提下点燃求知热情，在语文课上动脑、开口。为了促使学生大胆创新，教师要赋予语文课堂一定的包容度，包容学生偶尔的词不达意，包容学生的天马行空，使学生有勇气探究、写作、实践。其次，教师要坚持知行合一的教育理念，在语文课上为学生搭建动手实践的平台，确保学生能边学边用，在用的过程中内化吸收学到的语文知识。陶行知先生认为："好的课堂应具备教学做合一的条件。"教师须把自己的教及学生的学和做视为一件事，还要把做视为教和学的核心。语文教师应在构建创新型课堂前解决学生要做什么、怎么做等问题，为构建创新型课堂指明方向。最后，教师要坚持"社会即学校"的教育理念，把社会视为语文课堂的一部分，利用网络把社会中的有用信息转化为学生可读、可写、可谈的内容，同时指引学生将社会实践经验带到语文课上，并在阅读理解、口语交际、写作文时加以应用。

这样学生可以在个人实践体悟、生活经历、成长环境的驱动下高效自学。教师还可运用人文要素和自然要素润色语文课堂，进而达到构建创新型高中语文课堂的目的。

## 二、高中语文创新型教学手段

高中语文创新型课堂的有效构建离不开教师教学手段的推陈出新。教师应基于守正创新，积累育人经验，拓宽语文教育渠道。教师可采用"任务驱动＋合作探究"的教学手段，根据学情及教学内容创设若干合作探究学习任务，如解析课文主旨，从文中找出林冲思想性格变化的主线，尝试总结归纳古代白话文的特点，说一说文章结构设计技巧有哪些或从文中选出一段创编课本剧等。其目的是基于任务驱动打造翻转课堂，凸显学生本位，颠覆"师讲生听"的语文教学传统模式。

教师基于多元智能理论构建语文合作探究小组，解决部分学生脱离语文课堂及学生合作、自学、探究机会较少的育人问题。学生能在小组探究中形成合力，并完成学习任务。以"说明文章结构设计技巧"为例，学生在共享学习成果的前提下，发现课文结构设计技巧有以下三点：一是情节起伏；二是多用巧合；三是榫接卯合。使用上述技巧能够增强故事的吸引力与缜密性，学生在合作解析课文的同时能提升写作能力。

## 三、高中语文创新型课堂模式

创新型课堂需要教师灵活使用微课，在填充已有课程内容的同时，发挥微课生动有趣、要点明确、灵活多变的优势。语文教材注重传统文化教育、先进文化教育及革命文化教育，教师可在增强语文课人文性的前提下开发课程内容，赋予语文教材拓展性，促使学生拓宽眼界、全面成长。例如，教师可以影视剧中的礼仪为主题编设微课，将学生熟悉度较高的古装电视剧转变为弘扬中华优秀传统文化的媒介，使学生在中华优秀传统文化的熏陶下改掉不良行为习惯。同时，教师可以抛出探讨性话题，如传统礼仪应何去何从，如何看待公共场合穿汉服的现象等。这样一方面可以为学生发展口语交际能力、语用能力、高阶思维能力提供机会，并与教材中的思辨性阅读与表达单元教学活动关联在一起，增强语文课程的创新性与拓展性；另一方面有助于学生尊重、了解、传承中华优秀传统文化，增强文化自信，使高中语文课程创新有更深层的意义。

## 四、高中语文创新性教学评价

教学评价在高中语文课上较为重要，教师要创新评价方式。教师在组织学生配乐朗读古诗词时，可要求他们录制音频并在课上播放，为学生自评、互评及教师客观性评价提供依据，在评价中，教师可以将语感、节奏、流利程度、感情充沛程度、普通话标准程度等方面作为评价的立足点，这样可以丰富评价维度。教师要指导学生学会朗读，在朗读时投入情感，帮助学生深入解析古诗词，减轻翻译、背诵压力，达到评价促学的目的。

教师可以创建语文学习资料库，用来存储教师录制的音频、视频及其他与学情有关的内容。这给学生自评提供了有利条件，能够引领学生调整学习策略。教学评价创新的原则有以下四点：

第一，客观公正。打造透明、民主、公平的创新型语文课堂。

第二，全面深刻。解决评价流于形式、内容雷同、笼统低效的问题。

第三，自省反思。由于创新型语文课堂构建不可能一劳永逸，加之学生学情会在教学实践中发生变化，教师要在教学评价环节自省自查，目的是发现教学短板，找准教研突破口，以补短板、展优势、深变革、强服务为导向持续创新。教师要根据学生在语文课上的表现灵活运用创新型教育资源，使创新型语文课堂始终充满活力，从而吸引学生参与各种语文学习活动，提高学生的语文学习效率，助推创新型语文课堂不断发展。

第四，强化功能作用。教师要在创新型语文课堂上应用信息化评价、基于资料库自评等方法增强评价的导学功能，使学生在评价的驱动下高效地学习语文知识。

# 第五节　高中语文活动教学模式的创新构建

## 一、高中语文活动教学模式的类型划分

### （一）语文活动教学与课堂活动教学

在具体的实践中，很多人容易采用语文课堂活动教学作为语文活动教学，因而，搞清楚两者之间的区别与联系具有现实意义和实践价值。在教育学中，活动教学是一个活动课程的下位概念，同时活动教学的采用并不仅仅局限于活动课程，也广泛用于学科课程等其他课程形态的教学中。而语文活动教学以学生的自主活动为主要习得方式，通过有效的实践活动促进学生语文素质的全面发展。语文活动教学与语文学科课程在总体上服从整体的课程目标，但在具体的目标、编排方式、教学方式等方面有着明显区别，具体如下：

第一，从目标上。学科课程主要向学生传递人类的知识经验，活动课程主要通过学生

获得直接经验和感知的个体教育性经验。高中语文课堂活动教学是指在语文课堂上，学生在语文教师的科学指导下，在原有语文认知经验的基础上，以知识为本位、以教师为中心和以传授、灌输为主要特征的课堂教学模式。语文活动教学是建立在学生自主活动、主动探索的基础上，有别于传统课堂封闭的教学形式，在实践中促进他们主体精神和能力的发展，使现代的中学语文焕发出真正的活力。

第二，从编排方式上。学科课程重视的是知识的逻辑上的系统性，而活动课程强调的是各种有教育意义的学生活动。语文活动教学在活动教育思想的指导下所编制的课程形态，体现自主性、综合性、实践性、趣味性等课程特点。

第三，从教学方式上。学科课程主要是以教师为主导去认识人类的知识经验，而活动课程主要以学生的实践交往为主获得直接经验。但活动课程所涉及的活动是课程意义上的活动，都是依附于学科课程存在的，是学科课程的补充和延伸。语文活动教学更多是给学生提供自主的时空，从而获取知识和运用知识。

## （二）语文活动教学与综合实践活动

活动教学与活动课程是一致的，活动教学就是指活动课程的教学。语文活动教学是立足于语文学科的课外实践活动，但又不同于综合实践活动课，具体分析如下：

第一，教学目标上两者都是着眼于综合实践能力的提高，体现主体、实践、合作和责任意识。语文活动教学主要定位在培养学生综合运用语文知识解决问题的意识和能力，强调运用系统的语文知识在实践中提高语文素养。而综合实践活动课的内容的选择必须体现个人、社会、自然的内在事例整合，强调活动实践的综合性。

第二，语文活动教学与综合实践活动又是相互联系的，语文活动教学的知识可能在综合实践活动中延伸、综合、重组与提升。综合实践活动中所发现的问题、所获得的知识技能可以在语文活动教学中拓展加深。在有些情况下，综合实践活动也可以和语文活动教学打通进行，语文活动教学与综合实践活动一样也可整合其他各学科，提高学生的综合素质。

经过对"语文"及其"活动"的分析，可以初步揭示语文活动教学的本质是一种凭借语文在实际运用中选择、处理和改造知识、信息的能力，强调以外部操作技能为主线的开放性、创造性、自主性和综合性的训练，以此促进学生内部技能的发展。

高中语文应该注重应用，加强与社会发展、科技进步的联系，加强与其他课程的沟通，以适应现实生活和学生自我发展的需要，使学生增强探究意识和兴趣，学习探究方法，使语文学习的过程成为积极主动探索求知领域的过程。活动学习是人存在和发展的基本方式，是影响人的发展的决定性因素。

语文活动教学倡导在语文学科课程中渗透、融入活动课程要素，学科课程内容要面向自然、社会、生活、历史等多种资源，强调通过各种各样的活动、实践来促进学生全面又有个性的发展。

语文活动教学模式的理念是指规定语文活动教学的价值准则，是人们对语文活动过程所遵循的规律性认识，用以指导语文活动课程开发的基本要求。语文活动教学模式的理念规范着活动所涉及的目标性质、内容选择、实施条件等取向问题，为语文活动教学提供明确的原则导向，从而提高语文活动开发方案的合理性与科学性。高中学生的生理、心理、知识、能力、经验都处于发展之中，处于不成熟、不完善的状态，而学生主体活动及主体发展是活动教学的出发点和归宿。语文活动教学模式的不断发展，提升了学生在活动中完成学习对象与自我的双向建构，最终实现主动发展。

## 二、高中语文活动教学模式的创新优化策略

随着社会科技的迅猛发展，知识体系不断出现新的分化与综合的趋势，解决有限的学时和无限增加的知识量之间的矛盾，综合学习这种模式越来越受到世人关注。综合学习的提倡不仅对于学科知识的学习和能力掌握，而且对于活动课程的经验的深化也起到了良好的促进作用。综合实践活动不是其他课程的辅助或附庸，而是具有自己独特功能和价值相对独立的课程，与其他课程具有互补性。

高中语文活动教学模式适合高中学生的年龄特点和发展需要，这种综合性学习活动是实验性新形态。综合实践活动包括指定领域和非指定领域两个部分。指定领域的内容范围包括研究性学习、社区服务和社会实践。非指定领域包括班团队活动、校传统活动（科技节、体育节、艺术节）、学生的心理健康活动等。

语文活动教学模式在综合实践活动中的多种形式整合，让学校的校本特色更加突出，也让学生的学习生活更加丰富多彩。学生在实践中成长，在实践中认识社会，同时，语文也真正成为服务于学生和让学生喜欢的学科。语文活动教学模式在综合实践活动课中的优化途径设计：一种是语文活动教学模式在综合实践活动的指定领域中的开发设计；另一种是语文活动教学模式在综合实践活动的非指定领域中的开发渠道。以下针对这两种优化途径加以探讨：

### （一）高中语文综合实践活动的指定领域及实践

在语文活动教学模式中，活动学习的开展紧密联系综合实践活动的指定领域的研究性

学习、社区服务和社会实践，对实现语文课程自身的价值有一定的意义：①研究性学习、社区服务和社会实践等相关内容的特点决定了它通过各种社会实践活动来完成，这些都特别能够体现培育完整的人的理念，具有独立和融合的价值。②努力在语文活动教学中使知识与学生的生活结合起来，在真实的生活世界中得以验证，并在能力方面得以提升。在实际工作中，指定领域范围内的研究性学习、社区服务和社会实践在高中语文活动教学中的运用是比较广泛。

高中语文在综合实践活动指定领域中，开展研究性学习、社区服务和社会实践成为必然。语文活动教学模式中主要表现在确立学生自主学习的主体地位和关注学生的终身学习和可持续发展能力的养成两个方面，淡化语文知识的传授，突出实践能力的培养。

研究性学习、社区服务与社会实践等都注重获得亲身参与研究探索的体验，培养收集、分析和利用信息的能力，学会分享与合作，培养对社会的责任心和使命感。这些都要求高中的学习方式必须由接受性学习向研究性学习转变。高中阶段应在继续提高学生观察、感受、分析、判断能力的同时，重点关注学生思考问题的深度和广度，使学生增强探究意识和兴趣，学习探究的方法，使语文学习的过程成为学生积极主动探究未知领域的过程。

高中语文在综合实践活动指定领域中开发设计实践，以专题研究性阅读和个性化写作为例进行探讨。运用研究性学习课程新理念，结合阅读写作实际情况，以学生的个性发展为出发点，围绕某个语文专题阅读课题进行研究型课外阅读，随后展开平常各种作文训练。通过合理运用研究性学习活动，最终达到学生在写作表达上应用自如，并彰显优秀的个性品质，吻合了当前的教育观念中培养普通高中学生个性才能发展的基本内容。阅读与写作教学活动模式总结如下：

**1. 专题研究性阅读在教学方式中的操作**

（1）提出方向，确定专题，强化教师的组织和引导作用。要进行专题研究性阅读，就要激发学生对专题的自主探究兴趣，成为阅读的真正主人。教师面向学生提出一定的阅读研究范围和方向，指导学生在课堂教学阅读和课外自由阅读中，根据学生的个人选择，挑选他们心目中极为喜爱的作家、科学家或思想家等作为自己阅读研究的对象。在阅读中让学生发现专门性、可操作性的研究专题，初步提出具有研究性阅读目标以及可预料到的结果。

专题的确立不宜过大，应选择切口小，周期短，便于占有材料的小专题，能独立或合作完成。选题以精选为原则，做到严格把关，命题直接关系到学生的写作兴趣与写作效果，不能草率地让命题进入实际操作。在教师的指导下，学生通过对专题材料的查阅、鉴别、整理、分析，挖掘资源，从而对作品中的故事情节、人物性格、社会背景、思想观点、创作手法或艺术特色以及他人的研究成果做出自己独特的研究。专题确立后，教师指导学生个人或小组设计好一份具体的研究计划，确保专题研究性阅读逐步放开，有序有效地进行。

（2）收集资料，把握角度，积极引导学生自主探究阅读。在确定了研究课题之后，为了解决专题研究性阅读课题需要的各种材料，指导学生进行有计划的收集、整理、研究与课题相关的文章材料。资料信息的收集需要有广泛的阅读，通过活动自主构建，学生可以在网上和图书馆等查阅资料。

学生刚开始进行专题研究性阅读，可能会遇到很多难题，尤其是未形成有质量的问题等。要提高学生提出有价值的问题的能力，可以先教会学生从整体上把握专题阅读相关材料所涉及的表达内容、时代背景与作者的观点态度及其思想感情等，逐步形成专题研究的方向，把握好阅读角度，抓住其中的突破口进行深入探究。

（3）循序渐进，指导研究，逐步深入拓宽课题研究。指导教师帮助学生精心设计一些问题进行探讨，尤其在深入阶段，鼓舞学生在阅读中敢于提出疑问。针对研究成员提出的各种疑问，教师要对学生充满信心，让他们在阅读中看到自己发挥的学习力量。学生通过主动探索、发现和体验，可以提高对大量信息的收集、分析、判断、选择和归纳的能力。教师应注意对学生进行引导，让他们了解别人已有的观点和认识，甄别与吸取他人的研究成果，杜绝简单地抄袭资料的现象，鼓励学生在自主阅读、独立思考的基础上，通过讨论、比较、反复推敲，最终做出有鲜明个性的理解。

**2. 个性化写作在实践学习活动中的运用**

（1）改变方式，深入探究，使研究更好地服务于阅读写作。学生懂得提出问题的角度和探究问题的方法后，深入到专题阅读，开始有意识地思考更多问题，试图提出一些有研究价值的疑问。在学生析疑的过程中，教师力求培养学生的发散性思维，鼓励学生朝不同的方向思考。学生有了阅读研究的方式和兴趣，就会更积极主动去探究学习，吸收新知识、新信息，自由地遨游在知识的海洋中。

（2）探索求知，交流评价，将外在知识转化为内在经验。学生独立或合作完成研究小论文是总结专题研究性阅读的一种成果展示形式，也是进行交流合作的基本方式，具有激励探究欲望和积累写作素材的作用。将小论文汇编成册，并以各种方式进行展示交流，如小组赏析、比较阅读、班级论坛等。学生个体的成果上升为理性认识，学生零星所得整理成具有系列性的成果，使学生对专题研究性阅读保持更高的兴趣，有利于进一步形成个性化写作的总体趋势。合作的智慧克服了学生思维的局限性和封闭性，能使他们共同走向进步。

在提倡以学生为主体的教学理念的大背景下，教师应拓展学生的个体感悟，调动学生的审美联想，促使学生的心理变化，内化为学生自己的情感和思想。学生可以凭借已有的认知结构、生活阅历、社会经验，敏锐地感知文本的形象展示、情感表达、言语魅力、表现技巧，领会其中的蕴含，化文本客体为学生认知结构的组成部分，化文本的情趣魅力为学生的情感内涵。

（3）厚积薄发，打造磨合，在写作中突显个性魅力。研究阅读是基础，个性写作是结果，只有深入细致的研究才会有独特见解的作品。当学生在生活、自然中获得直接体验，在书籍、电视、网络等虚拟生活中得以间接地体验后，探索的成功会让他们产生一种与他人分享对此的认识、理解和感悟以及创造的欲望。而写作可以将他们观察生活的独特性、认识生活的差异性、反映生活的新颖性表达出来，使个性的自由发挥、人性的自我创造在这一形式里得到张扬和认同。

### （二）高中语文综合实践活动的非指定领域及实践

在综合实践活动中非指定领域包括班团队活动、校传统活动等，尤其是可以充分利用高中学生文学社团开展语文活动教学。现在，学校有很多学生文学社团，如文学社、诗歌协会、口才协会、记者团、书法社等。它们是按学生的兴趣爱好自愿组成的学生活动团体，也是志同道合者相聚的好场所。各种文学社团所进行的活动学习，是活动者之间的对话合作、共同分享的过程，也是实现相互学习，相互促进和共同成长的内在基础和前提。这些社团的构建有利于综合实践活动非指定领域的活动学习的开展。

在综合实践活动的非指定领域内，社团的学习活动、班团队活动、校传统活动等，自然成为学生主体积极参与的、源自内在兴趣和需要的活动。将学生社团活动作为实施综合实践活动的非指定领域语文活动开展的渠道，有着本身的优势，拓展和重视了文学社团在教育中的功能和作用，同时也确立了其在语文活动教学模式中应有的地位和价值。社团教学活动为学生构筑了全新的开放性学习空间，提供了一个多途径获取知识并将知识综合运用到实践活动中去的机会。正由于社团活动有其独特之处，让不同的学生在语文活动教学中享有充分发展和创造的条件，激发了学生学习的兴趣，使学生更有效地进行语文综合学习。

学校实施综合实践活动往往安排固定的班级，以个人或小组为单位在指导教师的带领下开展活动，这是当前学校普遍采用的综合实践活动课的学习渠道。在新的教学和教育背景下，学校可以大胆探索多种课程渠道来体现综合实践活动的整体性，克服班级的局限，努力构建适合学生发展的新型学习方式。综合实践活动非指定领域的多种实施渠道的可能性，为学校进行语文活动教学提供一种可思考和可操作的框架。

高中语文在综合实践非指定领域中的实践以文学社活动常态化运作模式为例进行探究。利用学生文学社团开发和设计，推进和构建语文活动教学模式，充分考虑学生的需求和实际水平，发挥语文课程的育人功能，真正做到因材施教。

许多学校拥有不同的学生社团，立足自身悠久的学生社团文化，将语文活动教学与学生社团有机结合起来，积极探索在综合实践活动中以学生文学社团为载体的语文活动教学的模式。文学社团活动打乱了原有以班级为单位的教学管理秩序，将出现社团活动班和行政班并存的局面。学生除了有固定的行政班外，还有根据自己兴趣爱好选择的社团班。

社团班一般有固定时间开展各类活动，每个社团班聘有专门负责社团化课程开发与管理的教师等，还有自己的学生干部，是真正意义上的走班制班级。语文活动教学模式中文学社团活动结合学生的实际情况，通过社团载体，解决课程资源、教师资源与设备资源不足的问题，努力摒弃重课堂教学而轻社会实践的思想，将自身的语文课堂教学和社会生活紧密结合起来。语文活动教学模式中文学社团的实施渠道对其他学校有一定的借鉴意义，具有较强的操作性，解决了活动课程实施中普遍感到棘手的常态化问题。同时，也实现了学生从原来的行政班到社团班的有序走班，更加有效地推进了语文活动教学模式的建设，为其他学科的走班教学提供借鉴。

文学社在社团活动开展、机构设置、学校宣传、指导教师和骨干社员的定位、兄弟学校之间文学社团合作交流、编写文学社团校本课程等方面为普通高中文学社的常态化运作提供了借鉴，对综合实践活动课非指定领域内的渠道开发具有一定的实践意义。

**1. 文学社的活动工作体系**

文学社有一个相对独立的教学模式，既与传统课堂教学有所区别，但又与之相辅相成。它要有相对固定的活动时间和场所。开展常规内容包括文学作品欣赏、知名作家介绍、竞赛获奖作品分析、文学常识学习等，从语文活动教学出发，开展文学网站鉴赏、诗词朗诵会、演讲会、文学采风等。此外，文学社还可以重点联系一些正规的、稿费有一定保障的杂志，通过订阅杂志、宣传杂志、与编辑私人交友等方式，文学社定期给他们提供最新的作品。同时，对文学社社员发表作品的，文学社应及时进行宣传，从而提高文学社社员的创作积极性。

**2. 文学社机构设置**

（1）编辑部。编辑部负责文学社团日常的稿件收集、筛选、打字、排版。编辑部要有自己的工作室、电脑等，争取用较少的资金出版较多的优质出版物。

（2）记者部。记者部负责校园信息的采集，负责听取学校师生的声音，为文学社提供校园里的信息。

（3）宣传广告部。宣传广告部负责推销文学社团的作品，并能组织各种活动，负责文学社在外校的宣传，提高文学社的知名度，为文学社筹集一定的资金。同时，负责加强网站管理，负责维护文学社的网站，及时将文学社的信息、成果通过网络向外界传播。

（4）书友会。书友会负责收集文学社社员及学校其他学生平时购书、订阅杂志的信息，为学生提供一个交换、借阅书籍的平台。

### 3. 文学社社员参与各类活动

文学社组织各类活动，可以锻炼社员的办事能力，同时也为文学社解决一部分资金问题。语文活动教学能弥补学校课堂教育的不足，文学社开展的活动可分为以下类型：

（1）书友会。任选一天中午举行售书活动，文学社可直接与各大书店取得联系，让书店来学校摆摊设点，文学社社员积极配合推销图书。这样可为全校师生提供相对便宜的书籍与杂志，同时也能给学校和文学社团带来一定的收入。

（2）采风活动。组织学生到企事业单位进行参观访问，联系现实生活开展创作活动等。

（3）文学节。文学集中活动可以安排两到三天，内容可包括诗词朗诵比赛、小品创作表演赛、演讲赛、趣味性运动等。这些活动应该和学校其他部门合作，尤其是获得团委和政教处的协作。

（4）宣传活动。文学社还应有一支直接跟周围兄弟学校联系的宣传队伍，随时外出发放学校的校刊、校报等宣传品，积极向外宣传自己学校和文学社的形象。

## 三、高中语文活动教学模式的管理优化策略

课程资源是推进语文活动教学的基本实施条件。针对高中语文学习，应当从学生的需要出发，按照学校的规划，积极开设选修课，充分利用本校本地区的课程资源，拓宽学生的学习空间。

### （一）高中语文活动教学课程资源的开发与共享

语文课程资源界定为在语文课程开发过程中一切可以利用的、富有教育价值的教学资源和学习资源，有利于实现语文教育或服务于语文课程，是实施语文活动教学必要条件的总称。语文活动教学紧紧围绕活动概念展开，所以从校内外二元空间式的切入来开发语文

课程资源，更容易处理好课内资源与课外资源的关系，有利于语文课程资源得以增值，更加清晰地使校外活动学习资源的教育功能得到充分发挥。在语文活动教学中由课内到课外的对接与融合中，既要发展课内课外资源的各自优势，更要尽可能使两者有机结合。从语文活动教学出发，合理安排校内外课程资源开发与设计的途径，实现语文课程资源的整合与提升。

针对校外的课程资源，在语文活动教学中，要结合本校本地区的实际情况，努力获取各方最大的支持，积极整合自然资源、社区资源、家庭资源、校内外人才资源。课程资源是丰富多样的，学校充分挖掘和有效利用校内外一切的课程资源，在活动教学中特别要认真分析本校本地区的资源特点，充分利用已有资源，开发潜在资源。如地区的文联、书画协会、摄影协会、花鸟协会、收藏协会等，或是科技局、交通局、气象台、医院、图书馆等都是潜在资源。强化和整合各种公共资源间的相互联系和共享，产生1+1>2的语文活动教学效应。

语文活动教学的开展，首先应立足学校，加强教师与教师、教师与学校、学校与社会各界交流与沟通，通力与校外有关部门合作，通过语文活动教学课程资源开发的途径设计，尤其是在校外课程资源开发中，认真考虑校外各类大小活动基地的建设。通过基地教育，较好地开发与利用语文课程资源，密切联系学生自身生活和社会生活，体现对语文知识的综合运用。活动教学依托基地，充分发挥示范和引领作用，整合优质资源，构建资源共享，成果共享的协作机制，使语文活动教学中的校外课程资源建设在互动中生成，在沟通中前进。

## （二）高中语文活动教学模式实施的安全工作管理

为语文活动学习的实施营造一个安全的条件，保证顺利进行，活动教学要遵循一定的安全原则。由于学生长期生活在相对较为安定、有序的校园内，安全意识淡薄，安全知识贫乏。语文活动教学模式突破了传统教育的局限，以活动为特征，内容新、范围广，在许多情况下就可能存在危及学生安全的隐患。活动的组织者对此应有充分的思想准备和组织措施，切不可掉以轻心，要确保活动参加者的健康，防止人身安全事故的发生。

当活动走出教室，除了事先应对学生进行必要的安全教育外，还应当制定组织和行政措施，对可能会发生的安全问题有预置措施，防止事故的发生。而当前的语文活动教学又没有适时推出这种新型课程的安全管理办法，缺乏必要的指导和监控，安全问题自然而然地成为语文活动教学的瓶颈。

安全是语文活动教学模式的一项限制性因素，学校应从教育教学的安全实际工作出发，保证学生的安全成长和学校工作的正常开展，摸索高中语文活动教学开展的安全管理特点和规律，增强管理的针对性和实效性。高中语文活动教学的安全工作保障机制需要注意以下两方面：

### 1. 合理分化学校风险

（1）保险措施。因为语文活动教学还是处于起步阶段，很多工作仍未完善，安全工作存在许多不确定因素。如果要将学校的损失降到最低限度，就需要参加保险，通过保险补偿的方式来降低或转移学校风险。特别是将活动教学开展中存在的风险进行合理分摊损失，通过社会化的保险基金来补偿意外事故的损失，使学校事故的赔偿责任社会化，维护学校正常教育教学秩序，促进语文活动教学的健康顺利发展。

（2）安全教育。安全教育是语文活动教学开展过程中预防与控制各种意想不到事件的重要手段之一。活动学习必须牢固树立安全第一的思想。《中华人民共和国未成年人保护法》第17条规定，学校和幼儿园安排未成年学生和儿童参加集会、文化娱乐、社会实践等集体活动，应当有利于未成年人的健康成长，防止发生人身安全事故。

学校要特别注重指导教师工作中开展的安全教育，增强安全防范意识。比如，在活动教学中要强调安全案例的教育，学校语文活动教学领导小组通过报刊杂志、网络电视收集全国各地中学生的各种安全事故，努力保持学生安全教育的经常性、及时性、针对性与预见性。案例中的安全事例具体鲜明，并且真实性强，所以对即将外出活动的学生来讲，很容易接受，而且具有警示作用，能使学生引以为戒。学校要将安全教育纳入语文活动教学的教学计划，安排一定的课时，旨在提高学生在语文活动教学中的安全素质。

### 2. 消除安全隐患

实际上，做好语文活动教学的安全工作，离不开平时全校支持"安全第一，预防为主"的工作思路。针对语文活动教学校外活动时间的增多、活动空间扩大的现状，要及时改进对学生的管理办法，修订有关管理规定，加强监控学生的学习活动，进一步使安全教育做到规范化、制度化和科学化。

在常态工作中，既可以通过开学典礼、周一例行大会、班会、安全知识竞赛或联系社会各界力量如交通警察等相关部门举办讲座等进行全员安全性教育，也可以充分发挥学校宣传窗、校报、班级黑板报、各种警示牌等的作用来强化宣传安全意识。在潜移默化中强化学生的安全意识，使他们在面对语文活动教学开展中的新环境时，具有一定的安全态度和手段，确保学生们在语文活动教学的全面顺利开展中健康成长，从而更有效地消除和控制事故。

现在中国有了校方责任险，确实为学校减轻了负担，也可以专门拿出资金成立学生社会实践风险基金，出了事故由基金负责赔偿，这为学生的活动学习提供了有力的保障。中国的家长对于活动教学中的安全问题存在一定的担忧，所以在语文活动教学过程中大家要加强安全机制建设，在法律保障和国民保障中共同推进安全工作。

# 第二篇　高中语文读写教学及其策略研究

# 第四章　高中语文读写教学及其素养培养

## 第一节　高中语文读写结合教学概述

在长期的语文教学中，提升学生写作能力的方式多种多样，也取得了一定的效果，但在实际教学中往往忽视了读写结合对培养学生语文能力的重要性。笔者根据读写结合在高中语文教学中的作用做出了进一步探究，梳理出读写结合在语文教学中的必要性并整理了一些读写结合的教学方式。

### 一、读写结合教学相关理论解读

#### （一）教学设计理论

教学设计是指运用系统方法分析研究教学问题和需求，切实解决它们的教学策略、教学方法和教学步骤，并对教学结果做出评价的一种计划过程与操作程序。教学设计理论具有以下特性：

第一，实践性。教学设计是一门实践性很强的理论，它在教学过程中产生并发展。

第二，操作性。教学设计面向广大一线学科教师。

第三，指导性。教学设计的理论观点和方法对教学实践和改革有指导作用。

#### （二）协同教学理论

协同教学论是 20 世纪 70 年代德国著名理论物理学家赫尔曼·哈肯[1]在从事激光理论研究中提出来的。大自然是许多不同系统所构成的统一体，其中许多不同的系统就是子系

---

[1]　赫尔曼·哈肯，于 1927 年 7 月 12 日出生在德国莱比锡，1951 年获埃朗根大学数学博士学位，1956 年任该校理论物理学讲师，1960 年起任斯图加特大学理论物理学教授。

统，而统一体就是大系统。在大系统中的多个不同的子系统之间是相互作用、相互制约的。在不断发展变化后，子系统之间形成新的平衡，而初始结构转变为新的结构的过程就是协同行为。

协同论原本讲的是自然科学中的现象，但在社会科学研究中同样可以利用。在高中语文教学中可以利用这种原理沟通语文教学的内在联系，将教与学所包含的内容，融会贯通，互相渗透，来提高语文教学效率。

### （三）金字塔学习理论

金字塔学习理论以语言学习为例，学习者通过各种不同层次的学习方式进行学习，在经过初次学习的两个星期之后，对比各种学习方式的学习内容平均留存率，从而得出结论：学习者通过自主的个人学习以及接受式的被动学习学习效果较低，两周后学习内容平均留存率不足 30%；而学习者通过自主参与讨论、小组合作探究等方式进行学习，学习内容留存率可达到 50%以上。

金字塔学习理论对阅读课程的研究有很强的指导作用，并且鼓励教师在教学中改变讲授式教学贯穿整个课堂的传统习惯，积极发挥教师的主导作用，努力创造教学情境，让学生主动参与学习，创设交流平台，供学生相互讨论、合作探究，营造民主和谐的教学氛围，引导学生转变角色，向其他学生讲授所学内容等。真正提高学生的学习主动性和实践性，让学生能长时间地记住并理解事物概念、规律的真实含义。以上述理论为支撑，结合课堂教学实践，将阅读课所学习和积累的知识运用到写作当中。

## 二、读写结合教学的意义阐述

读写结合是将高中语文教材中的文字作为基础，以内容为载体，设计与课文中心思想密切相关的写作内容，以"以读促写，以写促读"为最终教学目标进行教学活动。读写结合教学的作用包括以下三方面：

第一，提高综合能力。目前，我国高中生的语文读写结合能力还有待进一步提升，而关于培养学生读写能力的重要性还未被认识。在教学中，语文的写作练习常常与教材素材不相符，使学生的语文阅读能力与写作能力完全脱节，为了更好地培养高中生语文综合能力，锻炼学生的读写能力是最有效的教学方式之一。读与写，在教学当中缺少任意一环，学生的语文综合能力都很难有明显的提升。

第二，提高语文成绩。在高中语文考试中，阅读与作文的分数都是考试中所占比最大的，因此很多教师都认为"得阅读和写作者得天下"，所以单从提高学生的学习成绩来说，将阅读和写作结合起来学习是非常有必要的。

第三，培养良好的习惯。学生通过阅读文章可以拓宽视野，体会文中作者所流露出来的思想情感，同时每一篇文章都是在一定的历史文化背景下产生的，因此学生进行阅读学习的过程中还可以感受到不同时期的历史文化魅力。在作文教学的过程中，学生通过写作的形式将自己对某一事物的看法记录下来，培养学生的观察与理解能力，同时加强写作训练，还可以培养学生写日记的习惯。学生可以将自己的内心情感通过日记的形式表达出来，不仅进行了写作训练还有利于情绪的释放。因此，阅读与写作的结合教学是非常重要的。

在高中语文教学中，将阅读与写作教学有机结合起来，一方面阅读可以为写作积累素材，让写出来的文章更加饱满；另一方面，写作是阅读的延伸，通过写作学生可以将阅读中学到的知识完美运用起来，从而达到知识运用的目的。因此，在高中语文教学过程中应该积极地将阅读与写作结合起来，让学生通过阅读感悟方法与情感，从而将其运用于写作中。

# 第二节　高中语文读写教学的基本思路

## 一、理清读写结合的变革思路

基于深度阅读的读写结合学习活动，需要教师根据阅读教学的文本内容，设计出与文本阅读密切相关且能够驱动学生阅读的写作活动。学生依照读写结合的任务要求，独立阅读文本并完成写作任务。这是保障读写结合有效实施的基本路径与教学策略。

读写结合的活动设计方案是多种多样的。比如，读写内容的设计可以侧重于对文本的基本理解，也可以强调对文本的深度思考；读写活动的安排，可以是结合全文进行设计的，也可以是针对某句、某段引发的思考；对于能力素养的培养目标可以用图表展现，自然也可以用眉批①展示。故最终的活动设计方案具有很强的灵活性。但只要教师实施阅读与写作的有机融合，无论教师运用哪一种读写活动的教学设计，学生都能明白阅读对话的丰富，领略语文学习的滋味，提升语文学习的素养。

---

① 眉批是指图书正文上端的白边，在书眉上批注读书心得、批语、订误、校阅和音注都称眉批。原指写在直行本的眉头的批语，汉语改为横书后，一般写在横书的旁侧，故亦名"旁批"。

## 二、建构读写结合的教学新格局

"读写结合"教学策略的运用，呈现出师生共学过程的开放性。这就需要教师根据学生读写活动生成的资源，充分立足于学情进行教学设计，及时推送相关阅读材料。引导学生借助教材的例子，开展自主、合作、探究的学习，主动理解与体验，深度感悟与思考，再将其落实到写作训练中。实践证明，为学生提供实践活动的平台，让他们在独立阅读体验中深入的感悟、理解文本，再在教师的引导下将所得转化运用于表达，这是构建读写结合教学模式的一种有效方式。

## 三、合理采用创新性的教学模式

阅读教学对高中学生来说是非常重要的。因为高中学生阅历比较浅，他们生活视野比较狭窄，写作素材积累不够，造成他们无法很好地构建写作框架。创作一篇好文章必定少不了大量的知识储备，并且还要具备良好的写作习惯和恰当的写作方法。教师在展开高中语文的课堂教学时，先要引导学生阅读优秀的作品，并且在阅读的过程中对文章进行感知以及理解，从而真正认识到作品的内涵。除此之外教师还应该鼓励学生多进行文章的写作，在写作时，教师应该引导学生对文章中作者所使用的写作方法进行学习，从而真正做到以写促读，获得丰富的写作素材，最终提高自身的写作水平以及能力。

传统的阅读教学模式通常是教师依据选题内容带领学生进行阅读，或安排学生自由阅读。这类虽然一直在语文教学环节中被保留并应用，但是很难适应现实的需要和发展，其能力也比较有限，一些问题也早已暴露。为解决此问题，教师可以对阅读教学模式进行更深一步的探究，并利用问题式学习（简称：PBL）阅读教学理念，通过提出问题引导学生阅读，让学生在阅读中能保留自己的想法，并在书本中提升自身的写作技巧。

教师将传统 PBL 教学方法运用在阅读中，选取适当的主题，能够对课堂教学产生积极的影响，如提升课堂效率、调动学生的积极性、提升教学速度、加快教学进度等。这样不但能够提高学生的自主性和学习兴趣，而且能够极大地改善课堂教学质量。

# 第三节　基于读写结合的高中语文素养培养

作为一门语言学科，语言文字能力自然是语文素养的综合体现。学生的语言文字能力和学生的语文综合素养是呈正相关的。核心素养主要是指学生必须具备的、能够适应终身发展和社会发展需要的必备品格与知识技能。对于高中语文教学来说，语文核心素养主要包括语言建构与运用、思维发展与提升等。

## 一、基于读写结合的语言建构素养培养

语文是高中阶段一门重要的学科，是培养学生语言文字能力和表达能力的重要途径。作为母语教学，高中语文在基础教育阶段有着重要的地位和作用。因此，如何运用科学有效的教学策略高效地进行高中语文的教学便成为高中语文教师们广泛探讨的课题。培养学生的语言建构素养可以通过以下方式进行：

### （一）培养学生的积累习惯

高中阶段处在学生成长与发展的中期阶段，这个阶段在整个学习生涯中起着承前启后的重要作用。对于高中语文的教学，要有效地实现语言的建构与运用，最重要的还是要注重平时的积累。这就需要教师在日常的语文教学中，重视对学生语言文字经验的积累，因地制宜，运用科学的指导策略，引导学生将有用的语言文字信息转换成富有价值和意义的语言文字材料，帮助学生进行语言积累。

在日常的高中语文教学中，除了基本的语文教学之外，也需要格外注重学生语言文字和语文知识经验的积累。在教学中，学生们在语言文字积累方面常会出现一些比较明显的问题。比如，被动积累，只在教师的要求下才做笔记；积累得散乱无序，一些学生往往没有专门的积累本，想在哪儿写就在哪儿写，完全没有条理和章法可循。针对学生们的学情实际，可以采用以下方法培养学生的积累习惯：

第一，教师可以带领学生确定积累的目标，对搜集的语言材料进行分类。分类的标准，学生们可以根据自己的需要自由拟定。比如抒情方面的、人物描写方面的等。

第二，教师可以引导学生建立语言系统，即按照景与情、物与情、景与人等的关系进行系统记忆，或者在学习古诗词时，让学生根据诗词的意境，进行语言材料的积累等。

第三，教师可以布置背诵任务，使学生通过背诵来进行积累，丰富语言，加强言谈修养。同样，语言训练不可缺少背诵，如果学生背诵真能达到叶老先生所说的纯熟境界，那么学生的语言内涵将相当丰富。学生通过背诵能较好地积累词汇，并在进行内化吸收的同时，变得才思通畅而不枯竭。

### （二）以听和读为主，培养学生的语感

语感是对语言文字内涵的直接体会和感悟，要培养一个人的语感，需要将自己的生活

体验融入进去。对于高中语文教学来说，培养学生的语感，不仅是培养与发展学生语文核心素养的重要内容，同时也是语文教学之本，是学生学习语文的基础和重点。而对于语感的培养，主要以听、读为主，这样有利于培养学生对语言文字的敏感性，从而帮助学生快速形成语感。

教师在日常的教学中，可以在课堂的基本语言知识教学之后，指导学生多读、多听。多读即多次阅读所学的文章，初读时先整体感知文章的大意，深读时抓住文章的思想内涵，品读时体会文章的语言文字运用和描写手法，感受汉语言的魅力，并引导学生将自己的生活体验融入进去，和作者产生思想上的共鸣。反复阅读，能够帮助学生快速地形成语感。

教师也可以带领学生进行朗读训练来培养语感。在语文的课堂教学中，教师要充分挖掘朗读的巨大潜能，热情地组织学生进行各种形式的朗读，让学生在朗读的训练中，不但使自己的口头语言表达得更规范，还能把朗读内化和运用，变成学生自己的语言，从而增强学生对语言的感受能力，深化学生对所学内容的理解，达到较好的效果。除此以外，教师还要指导学生多听，在文章的阅读教学之前，教师可以为学生播放本堂课所学文章的诵读音频，让学生们集中注意力去听，感受文章所描绘的意境，体会作者思想情感的表达。通过反复地听，形成自我的感知与表象，能增强学生对语言文字的敏锐性，从而达到培养学生语感的目的。

## （三）营造良好的课堂氛围，激发学生的表达兴趣

兴趣是最好的老师。有了兴趣，就有了热情，更有了让生命勃发的原动力。因此，在语文教学中，教师要注重创设一定的情境，营造一定的氛围，这样比较容易激发学生语言表达的欲望，从而培养学生表情达意的能力。具体方法如下：

第一，课前口语交际，让学生大胆表达，点燃他们自由表达的火花。要让学生有话想说，有话敢讲，集中学生的精神，把注意力由课间休息转到课堂学习状态上来。不仅可以激发学生的学习热情，同时还能锻炼学生当众说话的胆识和说话时的仪态风度，也能使更多学生善于倾听、善于发表补充意见。更重要的是，培养了学生敢于表达自己见解的胆识，促进学生语言表达良好心理和言谈风度的形成。

第二，进行"每课一得，谈体会"，深化课文知识内容的理解和领悟。在发展语言能力的同时，发展思维能力，激发想象力和创造潜能，养成语文学习的自信心和良好习惯，是语文学习的最基本方法之一。在课堂教学中，语文教师的作用是十分重要的，要注意灵活运用教学机制，及时把握契机，抓住教材的重点，进行语言文字的训练，争取每一节课

都能让学生用两三句话来谈学后的体会或心得。

### （四）自主合作中发展个性，分析评述时取长补短

第一，重视问题讨论或内容复述，发展个性思维。在语文的课堂教学中，教师要善于挖掘知识的难点、找出学生感兴趣的话题，让学生进行讨论和分析。热烈的争议，往往能锻炼学生的口头辩论能力，发展学生的求异思维，以达到"说得精彩"的言辞风格。这也能在一定程度上活跃课堂气氛，激发学生学习的热情。

活动课时，可以组织学生进行课本剧表演、开展讲故事、做小实验等一系列的有益活动，不但能发挥学生的个性特长，还能为学生创设有话可说、想说、敢说的氛围，更好地进行各种形式的语言训练。这对发展学生的快速记忆和概括思维、提高语言表达水平、丰富学生的表演才华等各方面都有着不可估量的作用。

第二，分析评述学习中的错误原因，进行读与评结合的作文修改。语文教学要注重学生对知识掌握的信息反馈，教师必须及时加以调控，进行查漏补缺，尽量减少学生对知识掌握的遗漏。在这一过程中，教师切不可让学生进行不必要的机械重复，使学生对学习生厌，产生负面的心理影响，而应该把握这一过程，让学生充分锻炼语言表达能力，训练学生语言分析、评述的能力，保证语文教学课后的综合延续。

## 二、基于读写结合的思维发展素养

思维发展是指学生在语文学习过程中获得的直觉思维、形象思维、逻辑思维和创造思维等思维能力的发展。思维提升是指对思维的深刻性、敏捷性、灵活性、批判性、独创性等思维品质的提升。要想培养思维发展素养就要先对其有正确的认识，可以从以下三方面进行理解：

第一，确立思维的核心素养地位。从字、词、句、篇、章、语、修、逻、文单纯的语文知识，到与语文能力和语文知识、思想情感、语言积累、语感、思维品质、品德修养、审美情趣、个性品格、学习方向、学习习惯等有机整合组成的语文素养，再到升格为与语言、审美、文化并列的语文学科核心素养，思维培养第一次被提升到语文学科构成与学生发展的最基础、最高层与核心层面。

核心素养是最基础、最本质的素养，是具有生长力的素养，是种子素养。它是在一定时期帮助个体实现自我、成功生活与融入社会的最关键、最重要的必备品格与关键能力。核心素养是学生应具备的适应学生终身发展和社会发展需要的必备品质和关键能力。关注学生的思维发展与提升是语文教学的重要使命，构建以思维为核心的课堂活动体系，培养

学生思维能力，优化学生的思维品质，应该是语文教学的一种自觉追求。将思维发展和提升提高到学生终身发展的种子素养的高度，标志着语文课程对思维发展的认识走向新阶段，实现了时代的新跨越。

第二，构建全方位的思维达成。首先，确立课程基本理念核心地位；其次，是目标阐发透彻。在学科核心素养与课程目标部分，不仅分别从思维种类构成与品质方面解释思维的发展与提升，还阐发了思维与其他三大核心素养间的关系。其中课程目标部分运用四分之一的篇幅立足语言现象和文学形象，从语文的视角阐发了思维的发展与提升。

第三，明确思维培养与其他核心素养的关系。语文核心素养的四个维度是一个整体，既各自独立又相互依存；既有所侧重又相互融通。其中，语言建构与运用是语文素养整体结构的基础层面。在语文课程的学习中，学生语文运用能力的形成、思维品质与审美品质的发展、文化的传承与理解都以语言的建构与运用为基础，并在学生个体言语经验的建构过程中得以实现的语文思维教学。既能体现其作为思维方式方法的工具性一面，强调其作为学生思维品质和人格素养的积累，又能体现其人文性的一面。各门学科都可以进行思维培养，但语文学科的思维培养必须基于语言理解。语言是重要的思维工具，语言的发展与思维的发展是相互依存、相辅相成的。

通过语文实践活动，在语言交际和文化的情境中培养学生思维的深度与广度，从而形成探究能力。在不同的任务群中，就不同的文本与实践活动培养的思维方式也有不同的要求（表4-1）。

表4-1 不同的实践活动所对应的培养目标

| 实践活动名称 | 培养目标 |
| --- | --- |
| 思辨性阅读与表达 | 旨在发展实证、推理、批判与发现的能力，增强思维的逻辑性和深刻性，提高理性思维水平。 |
| 科学文化论著研习 | 旨在培养学习体验概括、归纳、推理、实证等科学思维方式，学习科学文化论著所具有的观点明确、逻辑严密、语言准确精练等特点。 |
| 学术论著专题研讨 | 旨在培养阅读学术论著，体验发现问题、探索解题途径、陈述学术见解的思维过程和表述方式。 |

（一）思维教学要开展深度学习

深度学习是一种学生能够深度体验，在理解基础上批判学习新知识，并将其融入原有认知结构中，能够在众多的知识间进行联系，将已有的知识迁移到新的情境中，做出决策，拿出解决问题方案的学习方式。这种学习方式不同于被动等待授予的浅学习，它要求学生能够在理解、体验的基础上进行辨识、分析、比较、归纳和概括，进而运用基本的语言规律和逻辑规则进行分析和判别，有效地筛选信息，清晰地理解文本中事实、材料、观点与推断的关系，从诸多文本信息中发现新的关联，从而推断、整合出新的信息或解决问题的策略、程序和方法，并运用这些信息、策略、方法、程序去解决自己学习和生活中遇到的相关问题，在表达上追求思想的深刻性和表达的独创性，而这些能力恰恰是思维教学所需达成的目标。因此，思维教学的开展必须基于语言文学实践的深度学习。深度学习能面对纷繁复杂的思维对象进行优化创造，从而体现出思维的系统整体性和动态开放性，充分展示思维的深度、广度、灵活性。

教师要将思维教学引向独立学习和深度学习，在特定的情境中，学生的思维培养会达到前所未有的深度与广度，与深度学习相适应。语文学习评价不仅要关注学生外在的学习结果，更要关注学生内在的学习品质、思维方式与品质。教师在教学时可以通过评价引导学生学会思维、学会学习，自觉提升自身的语文核心素养。

## （二）思维教学要进行转变

基于知识与方法的思维教学，我们总把思维作为知识树的一个环节，因而使思维培养呈现单一线性的特点，但其应当是多维的、综合的。在高中语文素养培养的情境下，思维能力是思维方式、思维方法、思维品质等交互共振的综合能力，思维品质也通常不以单一的形式呈现。因此，作为核心素养的思维教学必须完成以下转变：

第一，思维方式的变革。教师需要引导学生从单一式思维向综合性、优化性、整体性、系列性思维进行转变。思维方式是人的认识定式和认识运行模式的总和，是个体思维层次、结构、方向的综合表现，也是一个人认知素质的核心。教育面临的最大挑战，不是技术，不是资源，而是思维方法。

第二，思维方法的转变。要从关注形象性、逻辑性等性质的思维转向更注重培养学生的创造性思维、聚合发散思维转变。

第三，强化思维品质的培养。以前的思维教学，我们更多关注的是作为逻辑方法的思维知识授予和作为能力的思维方法的训练，而对于作为核心素养的思维品质的培养是缺乏的，在高中语文实践中应更注重培养学生思维的敏捷性、批判性、深刻性和广阔性。

## （三）在情境实践中进行教学

语文教学是在语言实践中的教学，它以语文核心素养为纲，以学生的语文实践为主线，设计语文学习任务群，力求避免陷入教师大量讲解分析的教学模式。这些任务要求语文素养多方面、多层次、多目标地综合发展，而不是学科知识逐点解析、技能逐项训练的线性连接。任务群的设置，主要以自主、合作、体验探究性学习为主要学习方式，强调活动性、情境性、整合性、综合性，突出语文教学的场域性和综合性的特征。

# 第五章 高中语文读写教学及其有效设计

## 第一节 高中语文阅读教学及其优化方式

### 一、高中语文阅读教学

#### （一）不同阅读文体的教学

**1. 实用文**

高中语文的学习主要指向的是学习语言文字的实践与运用，而语用最基本的因素自然是实用。语言文字的运用能力是在实践中学习与提升的。作为教师，指向语用的有效做法，应该是创设现实的情境，并组织每位学生参与到有效的语文实践中去。

（1）实用文体的类型

就大范围而言，实用性文本可分为以下两大类：

第一，应用文。应用文是日常工作和社交中常用的文体。

第二，非连续性文本。非连续性文本是以不同的方式组织材料，需要学生采用不同的策略，进入文本并获取信息，建构意义。相对于以句子和段落等组成的连续性文本而言的阅读材料，多是以表单构成文本，依据格式的不同，一般包括单一的图与表等文本。

（2）实用文体的阅读方法

第一，应用文的阅读策略。应用文重在实用，是为解决日常生活需要服务的。因此，培养学生准确获取信息、明确写作意图的能力，是实用文体教学的首要目标。写作意图是文章的统帅，在文章的构建中起着主导作用。一篇应用文的材料如何取舍，结构如何安排，语言如何运用，表达方式如何选择，都要根据写作的意图来考虑。

针对应用类文本的文本特征，可以从筛选信息、理解信息和运用信息三个层面来把握文章的写作意图。①引导学生快速阅读文本，准确筛选信息，初步感知文章；②细读文本，揣摩重要语句，深入理解重点信息，把握文章主旨和作者情感；③进而运用文中信息，分析和解决生活中出现的类似问题，引发学生对生活的反思。

第二，非连续性文本的阅读策略。在教材中，有些文章说明性强、比较抽象，但在教材中这类文章往往以文字的形式呈现，学生理解有难度，需要配合辅助性图片来加强对语言文字的理解。

### 2. 说明文

说明文文章不长，但层次清晰，结构完整，以说清楚、讲明白为原则，所以在遣词造句中极少用渲染、铺陈的手法，往往采取简洁明确的方法。同时，也注重说明文中会有不少表示时间、空间、数量、范围、程度、特征、性质、程序等的词语或句子，其内容均为经过现场勘查或反复验证的结果，凡是涉及的数据都是准确无误的。当然，介绍科学知识的说明文，都会特别注重科学术语的准确使用，这就体现了说明文语言的规范性特点。

高中语文教学在发展语言能力的同时，发展思维能力，激发想象力和创造潜能。学习科学的思想方法，逐步养成实事求是、崇尚真知的科学态度。说明文是说明事物或事理的。因此，在教学说明文时，不仅要引导学生在探究科学知识的过程中，学习科学的思想方法，还要逐步养成求真的科学态度。通过说明文的教学，拓宽学生的认识领域，提高他们对客观事物或事理的认识能力以及分析综合的逻辑思维能力。不论课文所反映的是哪一方面的事物、事理或科学知识，都要帮助学生从认识事物的广度和深度上开阔眼界，使他们的认识领域为之拓宽。此外，教师在教学过程中应培养学生具有独立阅读简单说明文的能力，即掌握阅读说明文的方式，能够通过认真阅读准确地获取信息，把握说明的要点。

### 3. 小说

（1）小说的作用。小说具有塑造角色的作用，可以在一定程度上表现出某种社会现状。与其他文学种类不同，小说有特殊的价值，可以细致、深刻地展现出角色所处的环境，进行多层次、多维度的描述，真实地表现出社会生活。相比其他文学类别，小说发展较晚，但其发展壮大后，很快占领了重要地位，产生了深远影响。因此，虽然现在电影普及度较高，但是小说仍占有一定的地位。

（2）小说的内容体现。现代的小说理论颠覆了早期的小说观，认为小说是以散文写成的具有某种长度的虚构的故事，人物、情节、环境是小说的三要素。

教材中的小说，主要包括那些由古典小说改编的文本、现代小说的原本或节选，以及一些外国小说翻译文本。小说这一文体具有内在的规定性，体现在以下四方面：

第一，故事叙述的虚实结合。通俗而言，虚拟性就是小说中叙述的并非真人真事，用虚构来模拟现实生活。没有虚构就没有小说，虚构是小说的本质。小说家的艺术才华不是看他对生活的实录能力如何，而是看他的虚构能力如何。虚构高于实录，甚至比实录更为真实，这种真实就是艺术的真实，艺术的真实比生活的真实更能反映出生活乃至人情人性的本质。

第二，人物刻画的多种方法。刻画人物是小说作品内容的核心，而且小说刻画人物的方法比散文、诗歌等文学样式更自由、更多样化。小说通过展示人物的音容形貌、心理状态、行为举止等多方面，或直接或间接地刻画人物性格。

第三，情节发展的脉络交错。描写人物必然要展现情节，由于可以突破时间和空间的限制，小说情节的丰富性和完整性远远超出其他文体。在文体教学过程中，教师应引导学生分析小说的情节结构。对于情节复杂的长篇作品，这一过程尤为重要，教师应引导学生体会小说复杂细致的情节脉络对整个作品的支撑意义。

第四，环境描绘的自由宽广。小说中的环境描写不仅可以增强人物和情节的现实感，还能大容量地展示社会面貌和风土人情。文体教学时，将小说中的环境描写与人物、情节联系起来分析，能使学生充分了解小说中环境描写的必要性和重要性，也能使他们更深刻地理解作品的主旨。

（3）小说的阅读方法

第一，小说中人物的阅读。小说可以从多个维度对角色进行塑造，展现丰富多彩的人生。小说不仅可以描绘人物的真实经历，也能够虚构一段经历；不仅能表现简单的生活场景，也可以体现复杂和激烈的较量；不仅可以展现小人物的一个面貌，还可以讲述一代或者几代人的经历；不仅可以展现丰富的肢体、形态、语言等外在形象，还可以体现出人物充沛的情感、人性等充斥在内心深处的内涵。

小说在讲述人物和场面时更加深刻和精细，比一般的戏剧更加灵动。它通常有多种表现方式，可以从多个角度，丰富地体现人物情感和思维。还可以利用人物的语言和语气，在对话和交流中表现人物的特点，在内心描写、表情等多个方面描绘人物的整体形象，让人物更加丰满。所以，在欣赏和阅读小说时要明确作家的写作意图和思维，这是提升小说鉴赏水平的重点。

第二，小说中情节的阅读。故事情节是一条贯穿作品始终的线。人物的情感、外貌特征、性格等在一段段具体而生动的情节中展现，这些内容要具有一定的时间顺序，而不能互无关联，因此要以具有连续性的内容来构成小说的情节。一部小说的中心思想需要在故事的情节中延伸，部分小说由多条时间线组成，各式各样的矛盾相交，更要加以注意。想要明确小说的中心，需要掌握作品的故事情节。构成情节的方法较多，包括倒叙、顺叙、插叙等。

### 4. 诗歌

诗歌是文学史上最早出现的一种文学体裁。早期，诗是和乐而唱的。随着社会的发展，虽然诗已经不再以唱的形式传播，但人们仍习惯地称之为诗歌。

（1）诗歌的特点

诗歌的特点主要表现在诗歌的外在和内在两种形式中。诗歌的外在形式指的是诗歌呈现在外、能够被感知到的形式，会从视觉和听觉这两方面给鉴赏者带来特殊的感受：①视觉感受，诗歌的语言排版大多简洁明了，句式排列有规律可循；②听觉感受，诗歌在表达的时候节奏清晰，字字分明。诗歌的内外形式通常均是以相互交融的形式来突出诗歌的特征。诗歌是为表达诗人对事物的感受和领悟所产生的情感和想法。诗人能够将抽象的思想情感具象化，通过特殊的表现手法达到内心情感与景致相融合的思想境地。

（2）诗歌的阅读方法

第一，阅读诗歌中的情感。抒情性是诗歌的主要审美特征。情感是诗的天性中一个重要的活动因素。充沛的生命情感是创作诗歌的先决条件。诗人在生活中受到外物的刺激时，内心的情感也会随之而变化。诗人会将情感的转变借物抒发出来，以诗歌作为情感的载体来感染他人。

抒情是诗歌中最常见的，也是最不可缺少的情感元素之一。无论诗歌是怎样的题材，均是抒发诗人情感的载体。从古至今，优秀的诗歌作品无一不包含浓郁而真挚的感情。无论诗歌中想要表达的是诗人的何种情感，优秀的作品都会撼动人们的心灵。其中，间接抒情是通过借助对外界人、事物或景物的描写，来抒发人的情感。它主要是利用物体或景色抒发诗人的情感。在诗歌的描写中诗人不会直观地表达情感，而是通过对景物注入感情的方式，情景交融，寓情于景，更自然地流露出内心的情感。

第二，阅读诗歌中的语言。诗歌不仅是情感艺术，更是一种语言。诗歌语言还具有一定的模糊性质，这是与哲学语言相比较所得出的结论。诗歌的节奏指的是在朗诵诗歌时，由声音振动所发出的带有韵律的节拍，简单概括就是人们在诗歌朗诵时的抑扬顿挫。节奏是一首诗歌的生命和形态。诗歌节奏的改变影响诗人情感的变化以及诗歌的内容。每一首诗歌的节奏都有独特的欣赏价值。著名诗人李商隐的一部分诗歌作品比较晦涩难懂，但即使对于内容理解得不够透彻，人们也能够通过诗歌的节奏韵律感受到诗歌的优雅。

现代诗歌在创作过程中摒弃了古典诗歌中严谨的格律形式，重新创造出一种符合现代诗歌创作韵律和汉语语言特征的新诗歌形式。比起诗歌的外在形式，现代诗歌更在乎的是内在情绪的渲染。现代诗歌的韵律以灵活、轻松为特点，因此在创作意境方面更具有优势。

诗歌表达中的语言虽然要求精练，但不能事事详细。对于词语和句子之间一些形式上的关联基本没有必要表达出来，通过简单的重点描绘使学生发挥想象即可。正是因为这样，诗歌语言具有很大的跳跃性，但这种性质需要与诗人所表达的情感变化一致，要随着诗歌逻辑和情感的起伏而变化。

第三，阅读诗歌中的意象。在美学的学习过程中，意象是一个基础的内容。它是鉴赏诗词时的常用角度，也是组成优秀文学作品的基本要素。从字面意思理解，意象是被诗人赋予情感的事物。意象在诗歌中主要表现为两个类别：①直接意象。这是诗人脑海中对于某一个具体事物的想象，然后将自己的情感寄托在这个事物上。在诗歌的意象中，此类意象最为常见，相比其他意象占比较大，但在特定情况下，诗人碰到相对复杂的情况、难度较高的问题，并且蕴含复杂的情绪时，直接意象难以将其情感表达完整。②间接意象。间接意象可以划分成比喻意象与象征意象。比喻意象指的是将类似的事物用来做比较，常被用于对一个事物或者人物进行摹状①。使用比喻意象可以把抽象的事物表现得更加具体，可以把没有特定形态的事物表现为具有声音、表情、思想的事物，给学生以深刻的体会。象征意象可以表现一个有具体形态的事物，或者带有特定情感的意象。在诗歌写作中仅描写象征体的内容，未提及被象征事物，可以使得诗歌意味深长。并且，被象征事物和象征事物应当具有一定的关联性与随意感，使诗人可以自由地发挥想象力。学生可加入自己对诗歌的感受与理解，使情感和感受力更深刻。

（3）诗歌的阅读技巧

第一，感知生活中的诗意。现实生活中，不乏美的事物，只是缺少发现美的眼睛。生活中，每个人都有各自的渴望和追求，只有留有好奇心、童心，才能体会生命中的美。而在阅读过程中，要常充满激情，才能体会作者的感情。任何学习都是一个温故知新的过程，要善于唤醒那些原有的知识与经验，只有多学习和阅读，鉴赏能力才能有水到渠成、顺乎自然的提高，才能感知生活中的诗意。

第二，了解作者以及创作背景。知人就是在人们品味诗歌的过程中，了解诗人的经历、创作背景、情感。而从作品中体会当时的社会状态，对作品产生的年代历史更加深入地分析，即为论世。解析诗人与历史之间的关联，有利于更加正确地把握诗歌的情感和思想，不断品味其艺术特性。在鉴赏诗歌时，不要仅停留在诗歌的字面解释上，而是要深入

---

① 摹状意为描写，描绘，照事物原样描摹。出自清·平步青《霞外攟屑·论文上·积素斋文》："先生之文，奏议体质而词核，论辨格敛而气舒，记叙工于取致，碑志深于言情，而于忠烈贞孝之事，尤极意摹状。"

时代背景，理解诗人写诗时的情感和意图，这样才可以更加深入地走进诗歌。

第三，对诗歌的内容展开想象。鉴赏诗歌时，学生可以按照自己的品诗习惯，利用自己的想象力去品读，体会诗人想要表达的情绪和抒发的情感。诗人无法在诗歌内容中展现出所有的内容，因此需要进行一定的深度剖析来理解诗歌的含义，这也使得学生可以在原有的基础上继续诗歌创作。对同一首诗不同的人会有不同的感受和理解，这取决于学生自身的思维和品诗水平。不同的学生会有不同的经历，对诗人的感受自然也不同。不同的原因在于，学生的欣赏能力有差异，想象能力也不尽相同。

### 5. 散文

（1）散文的类型

第一，抒情散文。以展现和表达作者的情感思想为核心的散文即为抒情散文。抒情散文具有很强的抒情性，其中通常包括一些描写和形容某些事物的部分，但不会是全文的重点。在文中即使是描写自然事物的景色，也会带有更深层次的思想情感。

第二，写景散文。写景散文主要描写风景景物。写景散文一般既描写风景也表达情感，也叫寓情于景、借景抒情。主要采用移步换景的描写方式，形象地描写景物。这样既能让读者了解背景，烘托氛围，还可以更好地突出文章主题以及表达情感思想。

第三，叙事散文。叙事散文是描述人物和事物的散文。叙事散文中会着重描写和讲述人物与事物，同时语句内也会带有浓烈的情感，以表达作家的体会与看法。叙事散文如果侧重于写人，就会将人物作为文章的中心，首先大致展现人物的性格特点，其次重点描写人物的性情、涵养以及精神气质。

第四，哲理散文。哲理散文是人们智慧的结晶、理念的碰撞、思想的集结。它包含古今中外的许多思想内容，从日常琐事的记叙中表达哲理。优秀的作者对哲理中的关键点加以修饰，就可写出让人回味无穷且充满思想的文章。

（2）散文的阅读方法

第一，基于全面诵读来知情悟理。

首先，在全面诵读散文时学生应该关注作品中变化较大的句型。散文文学作品中的句子片段均有精妙之处，它们有长有短、有骈有偶，也有承接有转折。学生在进行多次朗读的过程中可以感受到这些精妙之处。整句通常音调协调，句式工整，朗朗上口，情感丰富。散句的形式多样化，有长有短，虽然结构松散，但是读起来会有活泼、灵动、不枯燥、富有变化之感。在散文作品中将整句与散句适当地结合运用，可以提升表达效果。

其次，品读散文的语言节奏。散文的语言，虽然不像诗歌那样讲究音律，但其整齐匀称的句式、平仄相间的声调、和谐自然的韵脚、回环悦耳的叠音，可以增强文章的节奏感、表现力和感染力。将散文格律的练习与句子形式的选择联系起来，可以使文章读起来朗朗上口，让听众听起来更舒服，也更容易被人记住；同时其语调又高低曲折，韵律协调，可以使学生感受到语言具有的魅力与吸引力。朗读文章时应该抓住这个特征，尽量根据文章中的句子长度以及语气的抑扬顿挫进行朗读，在朗读过程中体会作家情绪，感受散文语言的魅力。一边朗读一边理解作家的写作目的，寻找文中的好词佳句以及其中蕴含的情趣风味，感受散文具有的韵律美、意境美以及形式美。

最后，通过诵读与作者交流。散文作家直接将自己的情感与思想投入作品中，学生可以从文章鉴赏过程中轻易地走进作者眼中的世界，与作者做心与心的交流。在散文鉴赏中，人们要通过文字阅读作者，感受作者的性情与意趣、见识与修养、审美崇尚与追求。观文知人，散文阅读是拥抱作品与作者的过程，是心灵与心灵的对话、感情与感情的交流。

在散文中，情与理往往是相映成趣、相映生辉的。散文是人类真我的袒露，是人类生命的精神家园，解读散文就是解读、品味人类自身。作者把长久体味、积聚的情感思想，借助精深的笔力表达出来，闪烁着理性的深邃光辉。学生诵读品评，需要以多元的精神为导引，开放性地接纳、理解，由此而拓展自己的认知空间，从而更好地提高审美品位。

第二，通过以形聚神来探究主旨。散文的"形散"是指散文选取材料来源的丰富、广阔和行文方式的多种多样、多变灵活。"神不散"是指渗透在字里行间的情绪、意蕴、主题等，类似于一个人具有的涵养与精神，是一个整体，如果想体会到这种感觉通常要仔细研究。"形神兼备"一词表明"形"与"神"是相互依附而存在的，所以一篇优秀的散文需要实现多种素材和中心思想的统一。

第三，"以小知大"的赏析技法。散文普遍性的艺术特征和表现手法是"以小知大"。此处"小"的含义比较广泛，既可以是某一人、事、物、景，又可以是选取的某个表现角度，还可以是某种象征和比喻手法。"以小知大"是一种艺术处理的独到功夫，它将具体细微与抽象深刻连接，可以知晓全局。

"以小知大"中的小可能是指散文选材"小"，但其主旨博大、深远。散文的选材非常广泛。散文选材的"小"，由其文体本身决定。在写散文时往往运笔于一事一物的细部，在不引人注意的地方狠下功夫，却常常能够出奇制胜，发人深省，让人在细微处领会"大义"，从平凡中发现不平凡。除此以外，"以小知大"的"小"也可能是指散文的写作角度。散文以细小、平凡来展示宏大、奇绝，从局部、表象来表现整体与实质。

第四，领会意境并借鉴散文写法。散文的"意"是指作者在文中流露出的思想感情。"意境"既是外在的景物与内在情绪的协调，也是外在的景象和作者的情绪的完全联合，还是一个将作者的情绪完全融入的艺术场景。

所有写景状物的词语、句子均可以表达作者的思想情感，同时所有的景物均可以使作者产生情绪的变化。意境是"景中全是情，情具象而为景"。鉴赏者在理解散文的意境时，不仅不可以将情和景完全剥离，而且还需要经常结合自己的实际生活和运用丰富的想象力与感受力，以诵读、想象、领悟意境美。

散文中有形的"景"，是传递情感的根基与介质。想要感受散文的意境美，就需要分析写景手法。阅读散文先要主动运用自己的五感去感受文章中描写的景物的形态、颜色、声音、气息等，观察研究作者是如何根据不同的时节、时刻还有景色与景物的特色展开写作的。然后，还要观察景物的立足点以及描写景物的顺序。另外，应该了解描写景物使用的修辞手法。景物要描写得生动形象、绘声绘色，就要尽量使用比较生动灵活的词语再配合适合的修辞手法。

## （二）整本书的阅读教学

### 1. 整本书的名著阅读

理解名著概念应该把握四个要点：①名著具有深大厚重的特点，其刻画的主题、传达的思想往往不容易被理解；②名著具有时代特征，提及了人类生存的基本问题，是生命的张力的体现；③名著具有无穷的魅力，能够战胜时间、超越国界，深受世界各国学生的欢迎；④名著是智慧之源，学生通过阅读名著能够获得丰富的生命体验，能够启迪心灵、增长智慧。

"名著阅读是指阅读的对象为经典的著作，它与整本书阅读有很大程度的关联性。"[①]例如，阅读的对象都是整本书，但两者之间存在差异，属于包含与被包含的关系，整本书阅读范围大于名著阅读。但是，目前在学习方式上，更多的还是单篇短章的精读，距离整本书阅读相去甚远。名著是具有高度典范性和文化蕴含性的作品，整本书阅读以名著读本为对象，能够在一定程度上开阔学生的眼界，提高学生的审美境界，是书目选择的必然选项。但名著读本难免会因为难度较大而使学生出现无从下手的情况，因此，整本书阅读不妨大胆选用一些当代深受学生欢迎的、涵盖各个类别的优秀作品，这样不仅可以扩大学生

---

① 钟翠婷. 高中语文"整本书阅读"教学研究［M］. 长春：吉林人民出版社，2019：61.

的阅读面，开阔学生的视野，还可以提升学生的学习兴趣，帮助学生养成阅读的习惯。

整本书阅读因其内容较多，不适宜全部放在课堂进行，将一些阅读活动放在课下进行也是必然的选择，但这与一般的课外阅读有着本质的区别。整本书阅读下的课外阅读是课堂的延伸。首先，整本书阅读有教师的指导。目前，高中学生的阅读意愿是非常高的，要想提高阅读质量，就需要教师在阅读方面予以指导，使他们了解"读什么""怎么读"的问题。其次，整本书阅读是课堂的一部分，教师对整本书阅读在课下进行的部分有相应的规定，如阅读内容、阅读时间等，一方面使学生在学习的时候不至于失去目标；另一方面也使教师可以对学生的学习状态有所掌握。最后，单纯由学生决定的课外阅读，其阅读的书籍往往趋向于内容较简单的休闲读物，不仅会占用大量时间，且难以进入深度阅读。而在教师的指导下，学生阅读一些难度较大但是有益处的书籍，可以显著提升自己的阅读能力。下面以名著导读为例进行探讨。

名著导读，通俗而言，就是对于名著的指导阅读，即教育者指导受教育者阅读名著。因此，在语文学科教学中的名著导读就是指学生在教师的指导下阅读名著。名著导读，重在教师的"导"和学生的"读"这两个字。教师的导是指导，是引导，亦是教导；学生的读不仅是阅读文本，亦是读出理解和感悟，读出鉴赏和评价。总而言之，名著导读并非完全是教师或学生单方面就可解决的事情，名著导读是教师的指导和学生的阅读相统一的教学活动，教师的指导应伴随着学生名著阅读过程的始终。

（1）名著导读下的整本书阅读重点。高中语文名著导读教学是在一定目的规范下，使教师的教与学生的学相统一的教学活动。同样的，在这个活动中，学生在教师有计划的组织与引导下能动地学习，掌握一定的知识和技能，形成良好的品行和美感，获得个性发展。但是，高中语文名著导读教学中教师教、学生学的具体内容，学生需要掌握的知识和技能，学生身心获得何种发展，学生形成怎样的品行与美感等，是高中语文名著导读教学下定义时所必须讨论研究的重点和核心。

总而言之，高中语文名著导读教学就是师生以高中语文必修教材的名著导读模块、名著教学篇目以及部分选修教材内容为基础教学内容进行的系统的科学的名著阅读和学习的教学活动。在这个教学活动中，教师运用各种教学方法和手段来组织和实施高中语文名著导读教学，使学生获得相关的语文应用、探究、审美及其他方面的知识与技能，来促进其身心发展，尤其是个性和人格发展。

（2）名著导读下的整本书阅读（表5-1）

表5-1 名著导读下的整本书阅读

| 类别 | 内容 |
|---|---|
| 更新高中语文名著导读教学观念 | 阅读名著不仅对于学生语文素养的提高具有积极作用，还对学生身心的全面发展具有重要意义。阅读名著绝不是在浪费时间，名著阅读对于学生语文成绩的提高具有积极意义。只要妥善地规划名著阅读时间，名著阅读与学生日常学习任务的完成并不会构成矛盾，阅读名著与语文学习还会相辅相成。因此，开展高中语文名著导读教学对学生的成长具有重要意义，教师应该更加重视名著导读教学，让名著导读教学落到实处，让学生在阅读名著中得到心灵与精神的成长。 |
| 制订名著阅读计划 | 教师要带领学生事先制订好详细明确、切实可行的名著阅读规划，然后按照计划一步一步地实行，这样才能将学生的名著阅读行动落到实处。需要指出的一点是，教师只是提供一定的阅读建议，读与不读、读多读少，要由学生根据自己的实际情况来决定。 |
| 教师教学角色的转换 | 长期以来，教师在教学中担任的都是知识的传授者的角色，传道、授业、解惑。所以，语文课堂上总是充满了教师孜孜不倦的讲解和教诲，即使是名著导读课堂也不例外。但是，现代教育观强调教师是学生学习的促进者，教师不再主要是传授知识，而是帮助学生去发现、组织和管理知识，引导他们，而非塑造他们。因此，教师要转变角色，从知识的传授者成为学生学习的促进者。<br>在高中语文名著导读教学中，教师也需要更新教学观念，转换教师角色。在过去的高中语文名著导读教学中，很多教师是单纯地传授给学生一些关于名著的知识，如名著作者、主题思想、精华内容等，旨在增加学生的知识。而现代教育观要求教师尊重学生的主体地位，引领学生自己一步步地阅读、发现，在阅读名著的过程中构建自己对于名著的认识，旨在发展学生的能力与个性。 |
| 学生学习观念的更新 | 学生是学习的主体，学生要学会学习、学会阅读、学会自我发展。在名著导读教学中，不仅教师需要尊重学生学习的主体地位，不过多干涉学生的阅读和学习。学生也要清楚地知道自己是名著阅读和学习的主体，自觉激励跟紧教师的指导坚持阅读，尝试和选择适合自己的学习方法，在与他人对话交流中不断印证和扩大自己的阅读收获，真正让自己获得发展，学有所得。 |

| 类别 | 内容 |
|---|---|
| 完善高中语文名著导读教学设计 | 高中语文名著导读教学设计是教学设计原理在高中语文名著导读教学领域的运用，因此，高中语文名著导读教学设计是一个系统化规划高中语文名著导读教学的过程，主要包括确立教学目标、安排教学内容、选择教学方法、设计教学过程、组织教学评价等方面。需要特别强调的一点是，高中语文名著导读教学由于其自身的阶段性、长期性和复杂性等问题，往往需要不止一个教学设计，最好在每个教学阶段都建构一个具体的教学设计。对高中生名著阅读相关学习情况的分析是高中语文名著导读教学开展的前提和基础，只有在深入了解了学生对于名著的学习情况，如学习态度与动机、学习方式及方法、学习困惑与收获等方面，才能将名著导读教学设计得更为科学，更贴切学生的具体实际。另外，教学目标是教学活动的出发点和归宿，是教师安排教学内容、选择教学方法、展开教学过程、组织教学评价的依据，在教学活动中发挥着导向、激励、评价等多种作用，高中语文名著导读教学目标的设计是高中语文名著导读教学设计的重中之重。 |
| 激发学生的阅读兴趣 | 高中语文名著导读教学始于语文教师给学生做的名著推荐。名著推荐，是指教师把某一名著推荐给学生，简单阐释名著之所以成为名著的缘由，让学生对其产生阅读兴趣，指导学生去阅读名著。教师要在名著导读教学的开始就给学生做一个正式的名著推荐，让学生清楚名著的意义、读名著的原因、怎么读名著等基本问题。 |
| 组织学生进行自主阅读 | 学生的自主阅读是高中语文名著导读教学继教师名著推荐之后的第二步，也是最重要的一步，学生的名著阅读居于高中语文名著导读教学的核心，它既是教师名著推荐的反馈，同时又对此后的师生名著批评鉴赏和对话交流的开展起着基础和决定作用。自主阅读，是指学生自主、主动、积极地去阅读名著。读十遍名著简介、看百个名著评论，都比不上真正通读名著一遍的效果好，学生自主阅读名著是学生对名著第一手资料建立的过程，具有十分重要的意义。所谓自主阅读，不仅是指学生要自己主动地阅读，还包括教师不要过多干涉，要给学生阅读的自由。因此，名著阅读，是阅读，更是"悦"读，强调学生作为学习和阅读的主体的感受与体验。高中语文名著导读教学的学生自主阅读环节强调，在阅读活动中，学生是阅读的主体，教师要调动学生的主观能动性，创造条件、平台和氛围，让学生乐于阅读、享受阅读。 |

### 2. 整本书的文本细读

文本细读是立足于文本本身，从题目、语言、结构、辅助材料和阅读中产生的疑问等方面入手，多措并举，充分理解课文内容。而文本细读教学就是把文本细读置于语文教学情境下，是教师根据学情和文本特点，指导学生运用文本细读的科学方法进行阅读实践，达到充分理解文本的目的。长期以来，阅读教学注重介绍背景、认识作者、划分段落、总结中心、把握写作特点，随着课程改革新理念的提出，语文教师开始注重让学生对课文总体感知，引导学生合作探究，并运用课程资源，对文本内容加以拓展。文本细读教学则是教师在对文本深思熟虑、了如指掌的基础上，引导学生对文本从题目到字词句段加以品味、琢磨，全面深入地理解文本。文本细读教学很好地填补了长期以来语文教学的不足，有利于提高阅读教学的效率。文本细读下整本书阅读的策略具体如下：

（1）师生要增强对文本细读。教师在教学中起主导作用，应在平时教学中引导学生对文本细读的关注。且教师自己也要重视文本细读，要对学生明确提出细读文本的要求。在文本细读教学中，教师也可以示范如何细读文本。如紧扣题目进行语意联想、语法分析等来激发学生思考兴趣，走进文本；教师在课堂上有感情诵读课文，让学生去品味文本的内涵；教师细致地解剖重点词句的含义以及所表达的中心思想；对相似课文的比较阅读；有些课文需要结合背景资料来进行讲解，教师需要推荐相关资料，延伸与文本有关的知识，让学生做好读书笔记。在教师言传身教的过程中，学生逐渐增强文本细读的认识。

（2）教师要增强自身细读文本的能力。由于主客观的原因，平时教师对文本细读教学的重视程度有待提高。虽然教学任务繁重，但是教师仍然需要抽出时间和精力去进行文本细读教学。一方面，教师应当怀着教育理想，努力成长为一名学术研究型教师。为此，教师要加强自身的理论修养，阅读与文本细读相关的理论书籍，掌握一定的文本细读的理论和方法。另一方面，教师们可以加强相互间的交流，通过集体备课、自身的教学经验总结、教师间互相听课、向优秀教师请教等方式，不断提升自身文本细读教学的技能。教师不仅自己要会细读，还要能引导学生进行细读，教会学生掌握文本细读的方法，养成文本细读的习惯。

（3）了解学情，发挥学生的主体能动作用。教师若想进行有效的文本细读教学，需要对班上学生的阅读情况有所掌握。教师不仅要认真备教材，也要认真备学生，知道怎样的教学内容较容易被学生所掌握，怎样的教学方法能够被学生学以致用。在了解学生的基础上，教师开展文本细读教学，才能切实有效地引导学生去认真细读文本，在细读文本的过程中去提高学生的阅读能力。教师需要了解学生情况，对于学生已经懂的知识不要重复，有选择地对某些课文进行细读。同时，要对文科班和理科班的学生的语文水平有所了解，因材施教，因时制宜。

在课堂上，教师要给学生更多阅读、思考的时间，让更多学生参与师生互动。教师的教学对象是一群有着高考压力的高中生，故在文本细读教学过程中不仅内容的讲解要联系现实，尊重学生的观点和感受，贴近学生的实际理解能力，不空谈教学方法；而且教师要多站在学生的角度，引导学生自己发现问题，教师可进行方法上的指导，让学生自行解决问题，从而提高学生对文本进行细读的主动性和积极性。

（4）教师要注重多种细读方法的综合运用。教师常用的细读教学方法就是引导学生揣摩重点的字词句，这是文本细读的重要方法之一。同时，教师还要引导学生细读文本的题目、文本的框架结构、文本故事情节、教材的助读系统及练习系统等，根据课文的体裁特点、作者的写作特色等，结合教学目标和课文的重难点，综合应用多种细读方法，引导学生准确地把握文章的主旨，习得相应的知识、能力，获得相应的情感体验。

（5）教师要注重培养学生的探究意识。①在课堂教学中，教师要发挥学生的主动性和积极性，先让学生自己去理解文本，不会的再讲；②教师要引导学生读出文本深层的内容，进行随堂提问，让学生认真思考；③对于学生的回答，教师要专注、耐心地听，有时能给出一些提示；④教师要重视每一位学生的提问，并给予讲解；⑤教师针对不同的学生情况要给予不同的反馈，教师在提问的时候，学生的回答情况可能不一样，有些学生能准确回答，有些学生不会回答或不敢回答，这时对回答好的学生要表示肯定，对不会回答的学生要给出一些提示让他思考，对于那些不敢发言的学生要进行鼓励，开始的时候不要求他们的答案一定要正确，重要的是鼓励他们能够表达出来，以后再提出具体要求。

## 二、高中语文阅读教学的优化方式

教师要优化阅读教学的方法，在阅读教学中展现出语文的魅力，让学生爱上阅读，养成阅读的习惯。但是，目前高中生普遍对阅读学习缺乏兴趣，课堂教学的质量并不理想，为了改善阅读教学的现状，教师需要创新阅读教学手段，调整与优化阅读教学环节，以促进语文教学目标的实现。

阅读教学的优化是提升高中语文教学质量与效率的需求，高中语文教师应重视教学方法的改革与创新，能够结合语文阅读教学的特点以及学情，优化阅读教学的各个环节，以提升阅读教学的有效性，促进高中生阅读学习水平的提升。

### （一）课堂导入环节的优化

导入环节既是课堂教学的初始环节，也是一种思想，有效的导入具备可以吸引学生注意力和促进学生产生继续学习的渴望的作用。因此，教师应以导入环节的优化为第一要务，能够优化课堂导入的教学方法，根据学生的学习特点，结合具体教学内容与教学目标，创造出具备特色的、具有新意的导入情境，提升语文阅读课堂的吸引力，激发学生的兴趣，让高中生对文本阅读产生努力探索的意愿。

### （二）文本细读教学的优化

"文本细读是指认真、精细地阅读、解读文本内容，是建立在对文本内容充分了解的基础上的深度剖析，在文本细读的教学中，要求学生能够结合自身的生活亲历、情感经验进入到文本故事的世界之中，与作者实现情感的互动、心灵的碰撞。"① 文本的含义是多层面的，对于文本的理解也是多样化的，对此，教师需要优化文本细读的教学方式，关注学生的学习主体性，尊重学生的个性理解，能够通过有效的指导与引领，让高中生在文本细读中获得个性化的讲解，学会独立解读文本，在亲身参与的文本细读学习活动中，感受到阅读的魅力。

### （三）教学素材文本的优化

活用教材是对教师提出的更高标准和要求，与小学、初中阶段的学习相比，高中生的思维能力发展已经达到了一定的程度，无论是语文教学还是学生自身的文化积累，都需要高中生接触到更多的阅读内容。但是，教材在编写的过程中因为受到诸多因素的影响，纳入的阅读素材始终是有限的，对此，教师需要立足于教材中的文本内容，适当地拓宽学生的阅读视野，增加高中生的阅读宽度，让高中生在课内与课外结合的阅读学习中，获得更高层次的发展。

教师可以利用作品的写作背景，拓展学生的阅读空间。有时写作背景的价值远远超出作品本身，因此在高中语文阅读教学中，教师不能仅仅局限于教材中给出的文本内容，还有引领学生从多种途径搜集作品写作背景的知识，了解作品背后的时代发展、朝代更替或美好的故事，以增加学生的知识储备，同时也有助于加深学生对文本内涵的理解与体会。除此之外，教师也可以利用文本之间的关联，拓展与延伸阅读空间。

### （四）语文课堂总结的优化

部分教师认为只要按照教学目标完成阅读内容的讲解，就完成了本节课的教学任务，

---

① 蒋红卫. 论高中阅读教学的优化策略 [J]. 中学语文，2022（9）：29.

实际上却并非如此，课堂总结同样是语文阅读教学中不可或缺的环节。有效的课堂总结就可能起到点睛的作用，可以升华课堂教学的效果，起到拨开迷雾、诱发兴趣的作用，能帮助学生总结出学习方法，获得思想与情感体验的升华，达到意犹未尽、余音绕梁的效果。

在课堂总结中，教师可以点明作者的写作出发点、文章叙述线索、语言运用妙处、运用的修辞手法、表达的情感等，帮助学生在课堂总结中明确知识内容，有助于教学目标的实现，能起到明确主题和帮助学生建立清晰的、明确的知识体系的作用。

# 第二节　高中语文群文阅读及课堂教学设计

群文阅读教学的课堂教学是先设置议题，然后围绕议题选择与组合文本，再由师生在课堂上进行集体建构，最后通过集体建构达成共识。

## 一、高中语文群文阅读的议题设置

议题就是群文阅读教学中师生要讨论的话题或问题，而非一个既定的结论，必须引发大家的思考与议论。议题是群文阅读教学的线索，不能只概括一部分教学内容或者只是某一个教学环节，而是要贯穿教学的始终，使每一个教学步骤都自始至终地围绕它进行。

## 二、高中语文群文阅读的文本选择

群文阅读教学与单篇阅读教学相比阅读对象从一个增加到多个，阅读内容从一元发展到多元，所以文本的选择与组合尤为重要。群文阅读教学考虑的不是某一文本作为一个单篇课文的教学价值，而是其在互文性的比较中所具有的教学价值。

在选择文本时要追求实用性和经典性共存。实用性就是文本必须能够最大化彰显议题，充分体现议题的某一个维度，并成为关联性的紧密联系的整体。经典性就是在满足实用性的基础上选择名家经典，构建学生和文学大师之间的对话桥梁。选文之后，要将文本以一定的形式组合起来，才可以进行群文阅读教学。常见的组合形式有一篇带多篇和群文共读。一篇带多篇就是先呈现一篇文章，再呈现其他文本。群文共读就是多个文本同时呈现。教师要根据教学目标、课堂结构和文本的特性等因素使用丰富多样的文本组合形式，培养学生的统整思维，使学生通过分析、探究等活动提升思维能力。

## 三、高中语文群文阅读的集体建构

集体建构就是不事先确定议题的答案，在师生智慧的共享中逐步构建文本的意义。集体建构强调学生既要有自我建构，形成独立智慧，还要能够将个人智慧融入集体智慧并求同存异，在视域融合中获得智慧的增长。

在传统的阅读课堂上，学生往往将注意力放在接受"标准"答案上，师生之间缺乏真正的互动。在集体建构过程中，学生之间的差异为新视野、新理解的生成提供了可能，同时这些差异所产生的张力也会转化为集体的创新动力。多文本在形式上为群文阅读提供了解放的可能，但如果仍按照单篇阅读教学那样，把学生置于教师的掌控之下，群文阅读教学带来的解放也就不复存在了。在群文阅读教学中，进行集体建构需要三个步骤：①教师要进行自我建构，对群文有比较透彻的理解；②可以使用小组讨论这种方式，创造一个和谐的课堂氛围；③教师要进行有效引导，让学生积极表达对文本的想法和见解。以这样的步骤进行构建，学生会在整个课堂进程中体现出非常强的主体意识，正是集体建构在群文阅读教学中的意义。

### 四、高中语文群文阅读的达成共识

达成共识是师生通过围绕议题进行集体建构的最终结果，即学生对一种理解或知识的共同认可。首先，达成共识不是寻找答案的唯一性，而是保持答案的多元性。学生的理解不同，判断标准也不同，重点是他们可以在集体建构中找到的自己认可的答案，这就是答案的多元性。其次，达成共识不是不要知识的准确性，而是不能以教师的思想代替学生的思想。例如，对于"绝句属于宋词的一种吗"这样一个问题，有的学生说属于，有的同学说不属于，这并不是答案的唯一性，而是知识准确性的缺失。这时教师可以通过引导说错的学生明白"绝句是唐诗的一种，宋词分为小令、中调和长调"，使学生在"绝句属于唐诗的一种"上达成共识。

# 第三节　高中语文写作教学的情境化设计

在高中语文教学中，阅读教学与写作教学是一体两面、相辅相成的。教材编写人员根据课程目标，从浩如烟海的文学作品中挑选出若干篇文章组成教材，这表明了教材文章的典范性和独特性。因此，读写结合有其自身的合理性。而从阅读出发进行写作，也是当前写作教学理论研究的一大热点，说明读写结合有其可行性。另外，读写结合并不局限于教材课文，一些经典性著作、篇章均可运用于读写结合之中。

阅读教学主要以文本为教学内容，其中蕴含着大量的情境内容。读写结合的情境化设计，主要依据阅读内容中的原有情境，让学生对其进行合理的更改与变动。因此，基于阅读文本的原有情境，还设计了续写情境、改写情境、扩写情境和缩写情境四方面的教学内容，主要运用于日常阅读教学之中，作为写作教学的补充。由于记叙文包含语言、人物、环境、事件、情感等诸多情境要素，因此读写结合的情境化设计文本多来源于记叙文。

## 一、续写文章的未完情境

续写情境的目的在于培养学生对原有情境的理解能力，锻炼逻辑思维与推理想象的能力。续写情境也即根据阅读材料提供的未完成的情境进行补充完善。

续写侧重于对原有情境进行延续，所以在指导学生明确原有情境要素的基础上，教师应当紧接着引导学生关注情境中尚不明确的要素，让学生明白文本对于这一要素的描述是残缺的、留白的，仍有很大的叙述空间。

## 二、改写文章的情境要素

改造情境的目的在于引导学生关注文本中重要的情境要素，培养学生的理解力和想象力。改写情境指的是改变文中的情境要素。在学生进行改写之前，教师应当给予适当的指导。首先，教师应当通过讲解分析原文的情境要素，让学生理解原文的情境内涵。其次，教师应当引导学生关注原文情境中的关键性人物、事件。由于这两个要素是造成情境中不同结局的重要原因，当我们对其进行改写时，原文的走向也会发生重大变化，因此改写情境主要关注的是人物和事件两个要素。最后，教师应明确改写情境的要求，学生改写可以充分发散思维，但不可毫无根据。

## 三、扩写文章的情境要素

拓展情境的目的在于提升学生对于情境要素的理解，发展想象力和感知力。扩写是基于材料原有的情境元素，在确保人物、主题、结构等内容不变的基础之上，对材料进行扩展性描写。扩写是对原有情境的丰富，使其更加细腻完善、丰满生动。在扩写中，教师首先需要讲解分析材料中的情境要素，让学生明确情境内涵。其次，教师可以以引导性问题让学生意识到情境要素的可简化性和可拓展性，例如人物心理，事件产生的原因、经过及结果等。最后，教师应要求学生对情境进行拓展、设计更加丰富的情境元素，从而对语段进行完善。

## 四、缩写文章的情境要素

浓缩情境的目的在于提升学生对于情境中关键要素的敏感度，培养学生概括的能力。

缩写与扩写相对，是指在不改变原文主题的基础上，理解文本的中心要点，选择其中的关键点而舍弃其他不必要的成分，浓缩连缀成文。在缩写中，首先，教师应当讲解分析材料中的情境要素，让学生对原有情境有一个整体把握，理解情境内涵。其次，教师应当引导学生区分主要情境要素和次要情境要素，并且鼓励学生将其中描述性、评述性的语句适当删去，用简洁的话语复述、概括、还原文本的主要情境。最后，教师还应当让学生对自己的缩写进行再次修改，检查是否还能用更为简洁的语言浓缩原有情境，以及检查自己的写作是否更改了原有情境内涵。

# 第四节　高中语文读写一体化教学的有效设计

读与写是语言学科学习的两个重要方面，一个是输入，一个是输出。在当前高中语文教学中，受高考压力的影响，学生的阅读与写作越发趋向"模式化"，这也是教育中的重要阻力所在。推动读写一体化教学，重拾朗读、布置读书笔记、组织多种形式的阅读等，能够最终实现教学的发展，给学生带来更多的可能性，全面革新语文读写教学现状。

## 一、重拾朗读和范读推动读写一体化

在高中阶段的语文教学中，实现读写一体化教学，需要从课堂阅读着手，实现教学的突破，此时可以尝试重拾朗读和范读。众多教师进入高中阶段的教学后，很少采用朗读的方式。可朗读能够带领大家感受到蕴藏在文字中的节奏韵律，找到阅读的美感，提升朗读兴趣，并且能够给高中阶段压力较高的孩子以学习的气势。朗读，能够感受到文字的魅力、文章的节奏以及篇章的感情，这些都能激发学生的感动，进而鼓励学生将感情投入到文本阅读中。

教师组织朗读和范读，可以尝试运用多种阅读的方式，如个人朗读、小组合作朗读、分角色朗读等；在范读上，也可以采用教师范读和多媒体范读两种形式。在内容选择上，高中阶段教师无须每篇课文都精心组织学生进行朗读，可以进行有针对性的选择。

## 二、布置读书笔记推动读写一体化

在教学中，教师要组织学生进行阅读，不仅仅是对教材中学习到的文章进行独立的赏析与学习，也要帮助学生养成良好的阅读习惯，在日常的学习中进行阅读的积累。其中，读书笔记是较为基础的读书方式。在读书笔记中，学生要写出自己的感悟，阅读本身就是为了引发学生与作者的互动，在这种互动中找到情感的激发。教师布置读书笔记的任务，也是在启发和鼓励学生进行阅读。例如，在日常课余时间，教师可以安排学生每周阅读一本书；到了寒暑假，则可以安排学生读一些长篇名著等，每个假期读一到两本，并且提出一定的要求。不动笔墨不读书，只有进行相关的笔记，真正将阅读和"笔墨"文字联系在一起，才能真正帮助学生养成良好的习惯，逐渐找到阅读和写作的连接点。

## 三、组织多种形式的阅读推动读写一体化

组织多种形式的阅读，是推动语文读写一体化进程的重要环节。在当前的高中语文教学中，无论是阅读还是写作，似乎都陷入了一种僵局：一方面，学生的阅读量并不低，至少每天大量的练习题目，也会带来大量的阅读文章。另一方面，学生的阅读陷入了一种固定模式。在写作教学中，则是以一种近乎"八股"的模式在教学生，如将文章模式划分为"总分总"、如何插入固定的模板等，这些都限制了学生语文能力的发展。事实上，在高中阶段，学生本身对世界有了近乎独立的观念，有了对生活的敏感，若是能读书、写作，转变为以文字为力量，影响和启发学生、帮助学生抒发自己的情感，这也需要教师加以思考与尝试。

组织多种形式的阅读时，教师需要考虑学生的现状，可以组织阅读推荐、阅读活动等。在课堂中，教师应当以阅读文章为基础，在教学中鼓励学生成长与学习，给学生以启发。在课下，安排学生阅读一些内容，可以由教师进行推荐。有些时候，教师也可以尝试组织学生进行读书交流，以这种较为活跃的方式，引导学生不仅会去读，更会将自己的情感说出来。

在阅读过程中，多种形式也体现在读与写的结合中，如教师可以尝试要求学生每次阅读之后，都有所记录、说出感悟等，这样能够真正达成读写的结合。

# 第六章 高中语文读写教学策略的构建

## 第一节 高中语文读写结合教学的基本策略

读，是指阅读教学中语言文字的积累过程，主要涉及对字、词、句的理解，对课文内容的理解，深入了解作者所要表达的思想情感，积累更多的语文知识。写，是指运用所学的知识，结合自己的理解来进行写作训练的一项基础活动，是对知识的延续应用，也是读的一种深度延伸，只有理解了语言文字，才能更好地将所学的优美字句等连接成段、成篇，从而形成完整的具有丰富情感的作品。

### 一、以读促写的教学策略

随着高中语文教学的改革和发展，教师在教学过程中越来越注重对学生读写结合的培养，而以读促写已经成为高中语文教学中常用到的也是很有效的方法。当学生阅读的书籍多了，美的语感自然形成，下笔写作的时候就会如行云流水般畅快；当学生阅读的书籍多了，学生对语文课本或者考试卷上的文章的理解能力就会提高。

### （一）精选阅读材料

阅读材料是拓宽学生视野和激发学生学习语文热情的重要支撑。在高中语文教学中，学生需要开展大量的阅读，才能更好地提高阅读效率，丰富内心情感，增进对文章的理解和情感的把握。教师在教学案例的选取方面要充分考虑高中生的个体差异和成长特点，明确教学任务和重点，围绕新课标的要求为学生推荐更多优秀的阅读刊物和素材，才能取得良好的效果。

因此，教师要不断开发新的教学资源，结合新课标要求和课堂教学的中心内容，加强案例的深度教学，引导学生反复阅读文章，体会作者丰富的创作情感，还要引导他们联系生活实践，将理论和实践结合起来进行深度思考，从而更好地完善自身的理论体系，在潜移默化中获得更多感动，更好地促进自己的写作，形成一套独特、丰富的体系。想通过以读促写提高高中生学习语文的效率，要优先考虑如何让学生喜欢上阅读并逐渐把阅读当作自己的兴趣。因为只有从自身的兴趣出发，学生才可以真切地感受文字给他们带来的好处，从而养成好读书、读好书的习惯。

### （二） 夯实文字功底

"读写结合，以读促写"更重要的在于立足教材，倚重阅读，充分发挥每篇课文的作用，有目的地选择一些语段让学生品读、理解、揣摩、赏析，体验和感悟祖国文字之精妙、景物之丰美、人情之伟大。在此基础上，进行仿写、续写、扩写等训练，夯实学生的文字功底，让学生的表达更加流畅、形象、生动，从而解决学生"有话写不出"的问题。

### （三） 培养写作兴趣

学生怕作文，对作文不感兴趣，跟教师对作文的重视程度和引导方法有关。语文学科的大部分时间是花在阅读教学上的。这样从客观上就无意识地造成了语文教学重读轻写的局面，学生对作文的兴趣自然得不到激发和培养。

"读写结合，以读促写"将读与写紧密地结合在一起，做到立足于读，着眼于写。为了将写的训练目标落实好，教师必须熟读课文，以独特的视角挖掘课文中有利于写的因素，并以学生易于接受和乐于接受的方式组织阅读，让学生读通、读透，在有所感悟和体会的基础上进行写的训练。由于是有所借鉴、有所感悟和体会，此时的学生对作文也能有话可说，也能"下笔有神"，也能感受到作文所带来的自信与快乐。久而久之，学生对作文的兴趣也就养成了。

### （四） 拓宽写作思路

以往写作文，学生总会苦思冥想却无话可写。究其原因，除了学生年龄小，生活经验不足，生活体验不深，可写的素材少之外，主要是因为学生的写作思路没有打开，不懂得审题与立意，不会根据作文的要求去搜集素材。

"读写结合，以读促写"注重以课文为凭借，以某一读写结合点为契机，先对学生进行由此及彼的模仿训练，再进行举一反三的拓展训练，极大地培养了学生的发散性思维和创新性思维。当学生的发散性思维和创新性思维被激活后，作文的思路自然而然就宽了。只要给一个作文题目，学生的大脑就能快速运转，如"写什么""表现什么样的思想感情""通过什么事来表现""我亲历的哪件事最典型、最有说服力""事件的哪个环节应该重点写"等问题一一闪现。通过仔细推敲，整个作文的框架和脉络就清晰了。

### （五）提供练习机会

当学生养成了阅读的习惯，通过大量的阅读培养了语感与文字审美的能力之后，最关键的一点是要将自己的想法表达出来，也就是语文教学中另一个关键的点——写。读书能开阔学生的视野，丰富学生的想象，美化学生的语感，这所有的好处都可以达成一个目的，那就是提高学生的写作能力和表达能力。教师可以尽量多地为学生提供练笔的机会，如以下两种方式：

#### 1. 写读书笔记和读后感

实际上不是非要等学生阅读过大量的书籍后才能下笔写作，读书是丰富学生语感、促进学生在写作时能写得通顺优美的方法，而写作是训练学生表达能力的方法，二者实际上是相辅相成的，以读促写需要学生在阅读过程中也要注重写作的训练。可以让学生通过写读书笔记和读后感的形式，训练学生读写结合的能力。

当学生真正下笔写作的时候，潜意识里就会模仿句子的结构和语态，使学生的文章变得优美。而读后感的作用就是帮助学生更深地理解读过的书籍，写读后感实际上就是让学生再度深入思考文章的方式。而且在学生表达自己思想的过程中，逐渐加强了自我表达能力和文字的运用能力，在考试过程中有助于学生更好地理解文章内容，并在答题的时候做到思路清晰，从而提高语文的考试成绩。

#### 2. 举行写作比赛

通过培养学生的阅读习惯来提高学生的写作能力，从而提高学生的语文学习成绩，实际上这一个过程需要一个检验方式。教师可以在各个班级内甚至年级之间每隔一段时间举行一次写作比赛。比赛既可以调动学生的写作积极性，又可以检测出某个阶段的阅读训练对学生写作能力的影响。而且高中生都是十六七岁的年纪，都有不服输的性格，大多数学生都会认真准备比赛。如果学生没有在这一阶段取得名次，听从教师的建议后肯定会更加积极地阅读书籍，为下一次的作文比赛做准备，从而形成良性循环，使以读促写的教学方法很顺利地实施。

## 二、以写促读的教学策略

以写促读的教学方式，改变了听、读、背的传统教学方法，使高中生改变了死板的学习态度；以写促读不仅仅能在课堂发挥作用，在课外活动中也大有裨益，可以提高高中生的阅读能力、理解能力、运用能力、创新能力等，使高中生真正理解语文在其生活中的重要性。

（一）先写后读

高中生已经具备了理解能力，教师在进行语文教学的过程中，应当引导学生通过写作，深化对文章中心思想和段落大意的阅读理解，借助先写后读的方法，利用写作促进阅读，这样能够使学生在写作时，提高阅读能力。

将写作环节前置，让学生在写作之前不对课文进行阅读，以学生现有的写作知识和掌握的写作技巧作为立足点，以即将学习的课文为题目，为学生布置写作任务。在写作中，学生会对课文内容有一个大致的了解，由此可为后续教学工作的开展奠定基础。

（二）课外延伸

学以致用是学习的最终目标。故此，教师可让学生将课堂上的学习成果带入现实生活，关注身边熟悉的人，如同学、老师、亲人等，并关注与自己相关的人，如交通警察、食堂的叔叔阿姨、摆摊的小商贩等。随后让学生以关注身边的人为题，分成小组对相关的资料进行搜集，找一些名家之作进行阅读理解。同时，教师也可以鼓励学生借助网络，查找一些与主题有关的优秀范文，并在全班开展读书交流会，让各个小组展示自己的成果。此外，教师可以搜集一些知名作家的经典作品，为学生写作提供参考素材。这一过程，不仅培养了学生的动手能力及合作意识，还激发出学生的阅读积极性，达到了读写结合的教学目标。

（三）培养习惯

阅读是一次长久、精神放松的旅行，一边阅读，一边写作，一边思考，留下旅行足迹是最合适、最迅速的自主学习手段。高中生养成良好的阅读习惯是一种可贵的品质，是以写促读语文教学方式的要点，也是飞跃时空与作者进行无声对话的有效方式。

以写促读的语文教学方法需要循序渐进，需要有一个长期的促成阶段，坚持用以写促读的方式教授高中语文，能有效纠正高中语文教学中出现的问题，以写的方式把握高中生的心理变化，尊重其人格，做出正确的引导，使以写促读深入每个高中生的日常生活中，进一步打开高中生的思维空间，提升其写作创新能力。

# 第二节　高中语文教材层面的读写教学策略

高中语文教育在培养学生的综合语言能力、文化素养以及思辨能力方面起着重要作用。语文教材是语文教学的核心载体，通过有效的读写教学策略，能够提升学生的阅读理解和写作能力。本节将探讨高中语文教材层面的读写教学策略。

## 一、选择合适的教材

高中语文教学过程中教材的选择尤为重要，可以参考以下两点来进行选择：

第一，针对学生特点选择教材。教师应根据学生的认知水平、兴趣爱好和实际情况选择适合的教材。不同学生有不同的学习需求和接受能力，因此，教材应该贴近学生的生活和经验，激发他们的兴趣，并适度挑战他们的思维。

第二，精选优质文本。教师应精心挑选具有思想深度和艺术价值的文本，包括经典文学作品、优秀的报刊文章等。这些文本能够激发学生的阅读兴趣，培养他们的审美情趣，同时也能够为他们日后的写作提供素材和启示。

## 二、优化教学设计

教学设计是根据课程标准的要求和教学对象的特点，将教学诸要素有序安排，确定合适的教学方案的设想和计划。高中语文读写教学也要不断优化教学设计，具体优化内容包括以下五方面：

第一，设立明确的教学目标。在进行读写教学时，教师应设立明确的教学目标，包括阅读理解、写作技巧、文学鉴赏等方面的目标。明确的目标，能够帮助学生更好地理解教材内容，提高他们的写作水平。

第二，分层次、循序渐进地教学。根据教材的难易程度，将教学内容分为不同的层次，逐步引导学生从表面理解逐渐深入到深层次的思考和感悟。同时，要注意合理安排教学顺序，将前后内容进行衔接，形成一个完整的知识体系。

第三，多元化的教学方法。教师应采用多种教学方法，如小组讨论、角色扮演、情境模拟等，激发学生的思维活动和参与度。此外，还可以利用多媒体技术、互联网资源等辅助教学手段，提供多样化的学习资源。

第四，提供具体的学习任务。在读写教学中，教师可以给学生提供具体的学习任务，如阅读指定的篇章并撰写读后感、分析文本中的人物形象、撰写文章或写作提纲等。明确的学习任务，能够帮助学生集中注意力、理清思路，并培养他们的写作能力和表达能力。

第五，激发批判性思维。在教学过程中，教师应引导学生进行批判性思维，培养他们对文本的深入思考和分析能力。通过提出问题、开展讨论、比较不同观点等方式，促使学生主动思考、辨析信息，并形成自己的独立见解。

### 三、引导深入思考

教师在教学过程中可以通过以下两方面来引导学生进行深入思考：

第一，阅读引导与解读。在进行阅读教学时，教师应主动引导学生进行阅读的引导与解读。通过提问、梳理文章结构、分析文本细节等方式，帮助学生理解文本的内涵、把握作者的意图，培养他们的阅读理解能力。

第二，写作指导与实践。教师应提供写作指导，包括写作结构、段落组织、修辞技巧等方面的指导。同时，要鼓励学生进行实践，让他们通过写作表达自己的思想和观点，培养他们的写作技巧和表达能力。

## 第三节　高中语文课堂层面的读写教学策略

读写结合就是以文章为载体，从文章内容出发，设计与它相关的写作训练，由阅读来带动写作。同时，写作又能够巩固、深化、促进阅读。读写结合能促进学生思维发展，提高语文能力。所以，写作与阅读是语文教学的双翼，两者缺一不可，在语文教学中尤为重要。因此，教师在教学过程中，要培养学生观察与分析的能力，引导学生将在阅读中掌握的知识与技能，灵活地运用到写作训练中，真正做到以读促写，以写促读，读写结合，进而实现语文教学的目的。

### 一、高中语文的读写一体化

语文教学作为基础教育的核心课程，对学生的知识学习、人格养成乃至全面发展都有着相当积极的作用。在语文教学中，阅读教学居于核心地位，写作教学则是教学难点所在，阅读教学、写作教学的好坏不仅直接决定了学生语文学习的效果，对其读、写能力的形成与发展也有着相当重要的影响。

事实上，阅读、写作并非截然二分的，它们是语文教学中的一体两面，阅读可以帮助学生积累写作素材、训练写作能力，而写作也可以引导学生更好地开展阅读活动。因此，在高中语文教学中开展阅读写作一体化教学是完善教学效能、提升教学效果的必然趋势。

高中语文教学以培养学生听、说、读、写四项基本技能为主要教学目标，其中读与写更是学生综合语言运用能力形成与发展的根本要素。阅读属于语言输入，写作属于语言输出，阅读教学与写作教学表面上在教学内容、教学途径上有着不小的差异性，其实它们的本质目标是相通的，即提升学生的语言运用能力。不仅如此，它们在教学环节中也有着很多可以融合之处，阅读教学中，教师对文章词句的讲解、结构的分析乃至思想感情的阐述都有助于学生更好地把握文章的写作要点；写作教学中，教师对学生文学实践的点评，也有助于从侧面激发学生的阅读动力。

总而言之，阅读教学与写作教学作为高中语文教学中最为核心的环节，不仅占据了较多的课时，对学生最终的语文学习效果以及考试成绩等也有着相当突出的影响。阅读教学与写作教学有着共同的教学目标，在教学内容上也有着许多关联之处，可以相互影响，相互推进。因而，教师在语文教学中可以采用阅读写作一体化的教学模式，实现"以读促写，以写促读"的教学目标，从而提升作文学习的整体效果。

## 二、读写结合的有效策略

### （一）基于教材内容进行写作训练

作文教学中教师应该以语文教材为主，课外读物为辅，相辅相成地进行写作训练。针对教材内容最常见的写作训练就是改写、扩写、缩写、续写、写读后感（表6-1）。

表6-1　写作训练解读表

| 写作训练类型 | 解读 |
| --- | --- |
| 改写 | 将古诗词改写成散文，将文言文改写成记叙文等，方便学生理解所学课文内容。 |
| 扩写 | 课文中如果有省略了情节的空白，教师就可以引导学生运用想象力、创造力将这些空白"填满"。 |
| 续写 | 有的课文读到最后会感觉故事还没有结束，给人意犹未尽的感觉，教师可以引导学生展开想象的翅膀，给课文续写新的故事结局。 |
| 缩写 | 将长文章压缩成短文，将长句压缩成短句，要保持原文的中心思想以及主要内容不变，将烦琐的文章改简洁，通过练笔，让学生对文章留下更为深刻的印象。 |

| 写作训练类型 | 解读 |
|---|---|
| 写读后感 | 读完一篇课文后，学生或多或少都会有自己的感触，教师要趁热打铁，引导学生将自己的感触写下来。由于每个学生对文章的见解不同，写出的读后感自然也会别出心裁，各有千秋。<br>由此可见，在阅读教学中，教师应充分利用教材内容，注意引导学生学习课文中的写作技巧，落实到写作训练中，让阅读与写作相结合。 |

## （二）拓展阅读范围，为积累写作素材奠定基础

除语文教材之外的课外读物也需要重视，教师在阅读教学时，要有目的地将教材内容与课外读物中类似的文章结合起来讲解，做到课内与课外相结合，通过课内外相似文章的对比，让学生明白相同主题下写作风格、文字结构、表达情感不一定相同。

对比可以让学生深入研究作者的写作风格，为以后写作打下基础。鼓励学生大量阅读不同类型的课外书籍，扩大学生的知识面，增加学生的阅读量。根据自己的兴趣爱好选择课外书籍，阅读时不能"死读"，要仔细认真，勤思多想。不能光读书，不动笔，努力养成"不动笔墨不读书"的好习惯，对阅读过程中的好词好句、有用的材料摘抄下来，进行归纳整理，为积累大量的写作素材打下基础。

## （三）多写多练，以写引读，激发学生的阅读兴趣

除了广泛阅读外，还要多练笔、多写作，才能够提高写作能力。首先要从遣词造句、仿写、练习小片段开始，扎实地练好基本功。其次，开始练习成篇的文章，在初期，抛弃写作的条条框框，让学生自由发挥，最大限度地激发他们的写作欲望，让他们大胆写作，写好"大胆文"，再逐步引导，提高他们的写作能力。同时，练习的内容，也应该遵循由浅到深、由易到难、循序渐进的原则。最后，在写作训练中，灵活运用在阅读中积累的知识与技巧，善于发现阅读的不足，让学生带着问题再去阅读，激发学生的阅读兴趣，唤醒他们阅读的积极性、自觉性。

# 第四节　新课程背景下高中语文读写结合教学策略

语文教学是一项非常复杂的工作，阅读和写作是其中心环节。阅读不是机械地教学生

拿起书本读书即可，写作也不是简单地教学生拿起笔来写，语文教学是一项系统工程。要想真正教好语文这门学科，要多从教学方法上寻找突破口，学生如何阅读才能读明白，汲取到书中的养分；教师如何指导学生写，才能写清楚，表达流畅，感情饱满。当然必须先有一个统筹安排，然后再思考如何将种种方法转化为学生的能力，并将之培养为终身学习的习惯。一旦阅读和写作成为学生的终身习惯，那么才能说我们的教育是成功的。如果仅仅限于明白是怎么回事，但在实际生活中没能身体力行也是枉然。如何促进阅读和写作的有机结合，这需要从教学策略上精心谋划。本节主要针对各种选文类型分别阐述相应的施教策略。

## 一、"积累性写作"的读写结合

"积累性写作"在初中阶段已经得到广泛运用，但因为"积累性写作"几乎涉及所有文本的学习，是伴随所有文本的写作方式训练，是其他写作方式的前期准备，因此高中阶段可以在初中已经学习的基础上再做强调和提升。"积累性写作"的教学策略在实施过程中须关注以下四方面：

第一，目标要明确。"积累性写作"因为简单，很多教师往往对它们的要求降低，甚至没有要求。不能简单把摘要、提要、概述、翻译、重写、札记当成加深阅读的一种手段，其本身也有自身的写作目标，因此，这就需要我们在教学中充分重视它们自身的写作目标的达成，使之与阅读教学的目标相得益彰，使整个过程真正实现读写结合，既培养学生的理解能力、思维能力，同时也锻炼学生的语言组织能力。

第二，训练要系统。因为"积累性写作"种类繁多，很多教师对个别形式特别偏爱，导致在训练过程中，总是有所偏重，有的写作形式甚至从来都没有涉及。各种写作形式在阅读教学过程中要充分利用，同等重视。每个学期的教学计划中，在每个专题教学中，要兼顾每一种写作形式的训练，不可偏废。文言文要注重翻译的信、雅、达；议论文要侧重于摘要的训练；小说的整体阅读可以用概述等。

第三，过程要指导。许多一线教师在课堂教学中把一些"积累性写作"放到课外，完全放手给学生，缺少必要的指导和过程管理。每一种写作样式，都有自身的学术要求，这种放任自流的行为，严重影响了写作的效果。

第四，方法要科学。传统的课堂教学中，没有学生学习的过程，很多在写中积累的活动都变成了知识、方法的讲授。把写作训练，当成了知识的背诵。例如，有的教师在教授文言文的过程中，直接把文言文的翻译复印给学生，让学生进行当堂笔记。学生缺少逐字逐句翻译的过程，就很难体会到文言字词的简约之美。再例如，在阅读小说时，教师通常会设置这样一个环节，让学生复述小说的主要内容。复述是一种随意性很强的学习行为，很难提升学生表达的准确性。比较好的方式是让学生概述小说情节，写成一百字的一段文字。然后投影展示。在展示的过程中，师生可以详细点评，学生在点评的过程中就会加深认识。

"积累性写作"，正因为小，所以灵活；正因为基础，所以使用广泛。它是其他写作方式的有益补充，更是其他写作形式运用的基础。

## 二、"评论性写作"的读写结合

针对选文"定篇"的教学，与之对应的主要是"评论性写作"。根据"定篇""定评"的名篇的内涵，"评论性写作"是我们首先要跟进的写作样式，鉴赏的核心要求是评价。何时评论，如何评论，是在阅读过程中要思考的问题，并且"评论性写作"的重点在规范，评论要有一定的标准，要有一定的理论主张。

"定篇"在课程中的功能，就是要"彻底、清晰、明确地领会"作品。基于领会的方式，从写作视角来看，主要是"评论性写作"。"评论性写作"主要侧重于对作品的分析、判断、批判。高中语文学习针对"定篇"的"评论性写作"主要是能写简单的文学评论，从体量上来看，大多要求高中生能写短评，即一事一议，一点一议。"评论性写作"的目的就是使学生的评价、判断更符合艺术的标准，而且在不断评判的过程中积累文学、文化经典的丰富意蕴。"评论性写作"的教学策略在实施过程中须关注以下三方面：

第一，明确标准。既然是评论，而且是对文学、文化经典篇章的评论，那么学生要学会对其进行价值的判断，不是简单的赏析，更不是随心所欲的感悟和理解，要进行价值的评判。首先，要明确一定的标准，一定的理论主张；其次，才能依据一定的艺术理论对文学作品进行分析和鉴赏；最后，用文字条理清晰地阐述自己的观点和立场。这需要教师引导学生加强一些理论的学习，既需要深入学习文章的一些相关知识，包括人物形象的分析、主题思想的理解、行文结构的梳理、修辞艺术手法的运用等。除此之外，还需要一些相关文艺学、美学的理论支撑。通常最简单的做法，就是在网上搜集一些对文本的评论性文章，让学生进行阅读。

想要实现对"定篇"的分析、判断，势必促使学生深入阅读，大量阅读，迅速提高自己的鉴赏水平。因为"定篇"类文章本身就是文学方面的经典作品，理论上来讲，要想实现对其的评价，必须做到水平高于作者，最起码必须水平和作者旗鼓相当，或者说在某一点上高于作者或者和作者旗鼓相当。

第二，以小见大。评论的选点：切口要小，要以小见大。评论可以是"点"的分析，也可以是"面"的通观。"面"就是指系统全面地分析作家或者作品，这样需要写作者具有很高的学术素养，能全面深入理解作家作品。这样的评论往往是专业的评论家的作品。高中生最好不要写全面的评论性的作品，我们主张"小切口"，选点要小，精心选择作品中某一个方面，集中笔墨"深挖掘"。重在立论观点新，分析深刻透彻。

第三，关注表达。高中的"评论性写作"，往往会出现"叙""议"不分的情况。因此在指导学生写作时要关注表达方式的选择，要处理好"叙"和"议"的关系。评论性作品既然是评论体，要做到以议为主，叙为议服务，这样才能做到叙议的有机结合。"叙"就是根据"议"的要求简要概述作文的内容，重在精准。"议"就是针对作品某个方面的分析和评价，要观点鲜明，分析透彻。特别是要注意"评论"和"读后感"的差别，"评论"要在一定的文艺理论的指导下分析评价课文的某个方面的好坏，必须是一种客观理性的分析；"读后感"重在"感"，是写作者结合自己的阅读经验、生活经验由作品而引发的自己的感想、体会，因此具有较强的主观感情色彩。

## 三、"模仿性写作"的读写结合

既然是模仿，必然要有一个"样本"。正是因为"样本"的典范性，才有了模仿的必要。模仿是基于"样本"的再创造，而不是"山寨"。只有充分理解"模仿性写作"的内涵，才能真正实施读写结合的教学策略。

"模仿性写作"从本质上来说就是基于"样本"的再造，但这个"再造"不是简单的复制，而是在原有的基础上进行的一种新的建构。例如，校园里一株怒放的迎春花，用照相机拍照那是复制；如果用绘画的技术把它如实地画出来，就是再造。维果斯基根据"最近发展区理论①"，也认为学习中的"模仿"并非像鹦鹉学舌那样，而是一种基于某种课题的解决，是建构新意义的活动。基于以上认识，可以看出"模仿性写作"就是在现实的写作情境中，学习者基于对"样本"的学习而构建的一种新的意义，是在学习"样本"的过程中构建属于自己的文化活动。

"模仿性写作"既然是"模仿"，就需要一个"样本"，"模仿"是针对"样本"进行的读写技能的训练。最终要产生的成果要类似模仿的"样本"。"样本"的学习是高中阶段学生语文学习的主要学习行为。关于"样本"的学习和资源的开发是多方面的，那么如

---

① 维果斯基的"最近发展区理论"，认为学生的发展有两种水平：一种是学生的现有水平，指独立活动时所能达到的解决问题的水平；另一种是学生可能的发展水平，也就是通过教学所获得的潜力。两者之间的差异就是最近发展区。教学应着眼于学生的最近发展区，为学生提供带有难度的内容，调动学生的积极性，发挥其潜能，超越其最近发展区而达到下一发展阶段的水平，然后在此基础上进行下一个发展区的发展。

何选择也是一个大问题。现行教育状况是"样本"的开发主要依赖教师对以往教学经验的积累。这是典型的教学以教师为中心的表现。而建构主义则认为，"样本"的学习要依赖学习者的现有基础，以往的读写经验的积累，文学鉴赏的现有水平，这样面对"样本"，学习者才能建构意义。所以说有关"样本"的学习内容的选择，要根据学习者自己积累的学习经验和已掌握的技能来设定，教学目标的选择也不是事前设定好的，主要靠课堂生成。"模仿性写作"的教学策略在实施过程中须关注以下三方面：

第一，模仿指令须设置清晰。"模仿性写作"需要一个模仿的点，或者说模仿需要明确的方向。现实的教学中，我们很难全方位地进行模仿，完全模仿既不可能，也是一种很愚蠢的行为。每次模仿我们都需要一个点，或者几个点，这样模仿的指令才能清晰，训练的针对性才强。从现实的教学效果来看，模仿的点越小，学生越容易模仿，模仿也越容易成功；而且模仿的点越小，留给学生创造的空间越大，就更容易激发学生创造的欲望。

第二，模仿目标须重视创造。模仿的过程要实现从对文本与技能的理解向实际应用过渡，也就是说要体现一定的再创造。如果说"积累性写作"的功能就是促进学生对写作陈述性与程序性知识的理解，那么"模仿性写作"则从理解向使用过渡。把"积累性写作"与"模仿性写作"做一个比较，便可以深刻地理解"模仿性写作"的特点。"模仿性写作"对比"积累性写作"实现了从理解向使用的过渡。"模仿性写作"主要包括仿、补、续、改、扩、套等。

第三，改写训练。改写需要学生对文本领悟得更深刻，不仅能体会作者的思想感情，全面把握文本的各个方面，更要有属于自己的理解。尝试用一种全新的、属于自己的独特视角重新解读文本。通常我们要求学生要和教师一起研讨改写的视角，分析可能遇到的困难，教师要及时给予帮助。多角度的改写，更能促进学生深度阅读。在教授古诗词的时候，在研读过程中，教师可以让学生对其中的一两句进行改写。有时是基于对某个词的理解，有时基于对某句诗的理解，也可以针对全篇，让学生把它改成一篇优美的散文。关于通篇的改写，可以让学生用诗的语言解读诗词。

## 四、"探究性写作"的读写结合

"探究性写作"是诸多写作形式中最高级的一种，探究体现了学生的主体地位，突出了学生学习的主动性。思考如何在"用件"的开发、运用中，让学生进行"探究性写作"，是高中语文读写结合的必由之路。

所谓"探究性写作"，就是在阅读的基础上，针对一定的问题进行探究，最终把探究的过程和结果用文字表述出来的综合性活动。简单来说，是指学生在语文学习过程中，针对教材阅读，某一个问题激发了学生的兴趣，学生围绕这个问题进行了深入探索和研究之后，将其探究的过程和结果记录整理而最终形成文字。引起师生兴趣的内容有很多，可以是文章的内容，也可以是由文章联想到的内容，甚至可以是文章中的一个词，或者一个句子，只要是围绕阅读文章的相关联的任何内容都可以。所有"这些内容"可以称为"用件"。之所以称之为"用件"，是因为这里只是"用"，而不是"学"的内容，或者说这是一种更高级的学习，这个过程包含以下步骤：

第一步，问题的产生。这样的问题都是课堂随机出现的，学生在学习某一篇课文时，突然对某一问题产生了兴趣，若是一个有价值的问题，可以进行深入探讨。

第二步，在问题的驱动下"用"知识去解决问题。我们就要先根据问题去搜集材料，然后筛选出有关的材料进行研究，最后分析相同点。这个"用"的过程包括占有材料，筛选材料，分析材料。

第三步，将研究结果形成文字。这个过程就是把自己研究的过程和结果用文字的形式呈现出来。

"探究性写作"，在诸多写作方式中特点十分鲜明，是和当前的"自主探究"的教学理念最为切合的一种方式，它具有两个鲜明的特征：自由和深度探究。"探究性写作"的教学策略在具体的实施过程中，须关注三个方面：

第一，过程要完整。"探究性写作"的具体写作过程分为三个部分（表6-2）

表6-2　"探究性写作"写作过程的三个部分

| 步骤 | 具体内容 |
| --- | --- |
| 形成疑惑或提出问题 | 提出一个有价值的问题，这是最重要的一步，因为它关系到后面的探究能不能进行，或者说值不值得研究。 |
| 针对问题进行材料的搜集、筛选、分析，确立研究的方向 | 这一步需要做大量的工作，要在自我阅读、自我研究的基础上逐步提炼自己的观点。 |
| 撰写报告 | 理清思路，思考写作的框架，然后形成有质量的文字。 |

第二，目的要明确。正因为自由，导致"探究性写作"引申的内容具有不确定性，这种不确定性既给学生更广阔的空间，可以从任何一个点进行引申写作，但也正是因为自由，导致学习目的不明确，致使学生的练习五花八门。"探究性写作"从教学目标的角度来看可以分为两类：一种是写作指向阅读目的，探究的目的就是为了更深刻、更透彻地理解文本；另一种是写作直接指向写作目标，基于课文所引发的现实思考，或者直接基于现实所引发的思考，其目的就是为了解决现实问题，其本质就是写作。

第三，内容高度要适用。高中语文教材课后练习中虽然设置了大量的读后感练习，但大多是对文章内容、中心思想进行感悟抒发。虽然有"高度"，但学生大多因为思想高度达不到，对作品理解缺少深度，从而读不出独到的自我感悟，久而久之往往对其不感兴趣。这样的练习往往过分地拔高了对学生的要求，忽视了学生学习的实际情况，客观上打击了学生学习的积极性。我们主张在探究主题的选择方面，教师要引导学生兼具适用性。学以致用，可能会更易操作，更具可行性，也更为实用。

# 第七章 高中语文读写教学的实施策略

## 第一节 体验式阅读与写作教学的思路探索

### 一、体验式阅读教学创新思路

体验式阅读教学的主要机制就是引导学生在体验中感悟、在体验中创造、在体验中提高语文素养。从其价值上来说，体验式阅读教学打破了长期存在的概念化阅读教学模式，即无视学生与文本之间的交流对话，静态的考查、机械的图解，割舍了语文鲜活丰盈的生命活性，使之成为概念化抽象推理的刻板尺度，阅读教学因此变得单调机械、枯燥无味。体验式阅读教学把教学基本点从对文本的概念化分析转到学生自主性体验和创造性理解上来，以主体体验活动建构文本的意义，促进学生对自我的全新建构。

#### （一）体验式阅读教学的主要过程

体验式教学的关键在于如何顺着文本内部的情感体验线索，激发学生相应的体验，从而使其产生强烈的情感共鸣，使教学达到和谐共存的艺术境地。师为引导，生为主体，课文为中介，三者如影相随，因体验起，为体验终。所以如何实施体验式教学，换言之如何引导学生借助体验进入课文内部世界的问题。现代阅读理论把阅读的心理过程分为感知、理解、深悟三个层次。与此相对应，教师们可以在这三个层级中具体实践文学阅读体验式教学。即在一篇文学课文的体验式教学中，学生的体验呈现出由浅入深的层递性，由初级的情绪体验到情感共鸣，再到情感升华的高级体验层次，如此步步为营，才会使学生的体验更加细致入微，对课文所做的理解才会更加坚实有效，并有新意。

##### 1. 整体感知

在阅读理解中，对一篇语言艺术作品的感知，不能只着眼于某一个孤立的部分，而是应从整体形式出发，把它作为一个活生生的生命形式去感知和发现。在阅读教学中，学生感知文学作品能不能进入欣赏层面，关键在于能不能激发与作品的情感内容相通的自我情绪体验。阅读也需要一种心境，较好的环境更容易产生高峰体验。因此，阅读教学要注意对教学情境的营造，教师在教学的初始阶段，应想方设法让学生动情，并以一种纯净的心境去面对课文，进而沉入课文所设定的情境之中，向与课文相应的情感转移，进入角色，诱发"预备情感"和"接受心境"。

作者在文中表达的情感体验，多是出于对生活的独特感受，换言之，没有生活便没有作家的体验，所以阅读教学中应注意将学生由学校的小课堂引入社会的大课堂，让他们有目的地体验生活、观察生活、认识生活，并让他们从生活的启示中寻找作者情感的源头。有的文本，因其内容所限不可能进行直接体验，这就需要教师营造生动具体的阅读教学情境，使学生"曲径通幽"进行情境性间接体验。有经验的教师常运用表达情感的有效手段，把情感寄寓于一定情境中，达到情与景偕，使抽象的情感信息可闻、可视、可摸，从而奠定文本讲读的情感基调，以此叩击学生的心扉，唤起相应的情绪。

创设情境有很多方法，可以注重朗读，把躺着的文字变成立体可感的形象，从而在对语调的抑扬顿挫中感受文中情感的起伏；可以音乐激情，使学生的听觉最大限度地参与感知活动；可示以图画，直观展现与课文内容相关的艺术形象，诉诸学生的审美感受，使学生如临其境，如见其人；教师还可语言渲染、姿势模拟，以恰当的手势、逼真的神态、动情的语言激起波澜，或爱或憎，或喜或忧。这些方法可以单独使用，也可以配合使用，这要根据具体的教学内容而定。

学生的整体感知情绪被唤起后，若教学过程复归于刻板、单一，学生已形成的体验就会渐渐疏远而模糊，以至于消失。针对学生既蕴藏着学习的主动性，又有可能随时消失的可变心理状态，教师要帮助学生深入探寻局部情感信息，使他们有可能在近距离心理状态下读破作品深邃的情感意蕴。

### 2. 具体品味

"共鸣"本是音乐上的术语，指声乐中的频率共振现象，现已普遍被用来形容读者和作品的中介而产生的心灵上的沟通。阅读教学中情感共鸣的体验层次，指教师借助点拨法去激发学生的想象，使学生更大程度上地体会作者所要表达的情感，从而与其产生共鸣。此时，不仅仅是感官的需要得到满足，而且会使学生精神得到释放，视野得到拓宽，心灵汲取无限的勇气和力量。在教学中教师可以用以下激发学生的感共鸣：

（1）品味语言，触摸心灵。反复品味词语可以造就真切的审美心境，引起体验情绪的高涨。文本是语言的艺术，好的文章往往都以鲜明的色调和浓郁的芳香铺就欣赏之路。或清雅明快，或曲折回环，或发弦外之音。

（2）情感换位，拨动心弦。在教学中教师还可借助情感换位的方法帮助学生获得真切而深刻的体验，即借助分析讨论、角色扮演，使学生转换到他人的位置，去体验不同的情绪反应，并以某种角色直接进入情感共鸣状态。

（3）激发想象，开拓意境。在艺术创作过程中，艺术形象的创造离不开作家的想象，其中充满了对形象的深刻体验和丰富情感。有的文学作品富有形象特征的魅力，易于在学生心中自由驱遣想象力，而有的文学作品语言含蓄蕴藉，意味隽永，需要读者由表及里捕捉和领会某种更为深远的东西，在脑海中幻化成一定的具体形象，就可以沉浸在特定情境的喜怒哀乐之中了。这时，教师需要激发学生全部的热情，调动记忆中储存的表象。

### 3. 寓情于理

教学中教师应使学生将感受、体验与理解、评价结合起来，认识到情寓于理中，从而产生对客观事物的肯定或否定的审美态度或审美评价，使性情得到陶冶，灵魂得到净化，从而摒弃消极颓废的情感，吸收积极健康的情感，获得哲理美的享受。如此学生就会分享到作者理性思考中的审美情感。学生可以从形式中体味以及在写作活动中迁移。

（1）在形式中体味。教学中可采取向深处设疑的方法，把课文中采用的曲笔、奇笔、反笔叙写的那些含蓄丰富、意趣高远的内容揭示出来，让学生在解惑中进一步体验、理解。

（2）在写作活动中迁移。如果学生从课文的绝妙意境中受到感染，教师可以进而指导他们写作，帮助他们促进情感的迁移，加深对体验的感悟。

## （二）体验式阅读教学的创新策略

### 1. 加强诵读教学

在文学阅读教学中要使学生有效地感知文本，迈出阅读体验的第一步，就需要诵读，即变文字符号为可感的视觉和听觉符号，是最有效的办法。

语言符号，特别是汉语，不仅表达着字面意思，体现着作者的情感，而且还传达着独特的文化传统以及耐人寻味的内在意蕴。而诵读要求诵读者调动心、耳、口、眼、脑等器官，揣摩词语的内蕴，体会文本的情味，将文字背后的各种意义传达出来。这正符合汉语言的特点和体验式教学的整体感知要求。在体验式教学的"耳目"感官阶段，诵读的方法主要有以下三种：

（1）范读。范读即教师在学生阅读之前或之后，亲自朗读课文。教师在范读的时候，要把文本中的神情理趣在声调里曲曲传达出来，让学生得到深切而又整体的了解。

（2）自读，强调学生主动的语言实践和创造性理解。文学阅读课的对象，不仅包括语言文字所表达的内容，而且包括语言文字形式本身。汉语言极为注重心物感应、直觉体悟、整体综合，在思维结构上偏向于笼统模糊。这就要求学生在阅读时不仅"听"教师讲读，"看"文本内容，而且要反复诵读，以涵泳、体悟、把握文本。

（3）美读。所谓美读，是一种侧重于审美欣赏的阅读，要求把作者的情感在读的时候传达出来，实际上，不只是诗歌、散文应美读，其他文体如戏剧、小说、议论文、文艺性说明文等，都饱含着强烈的情感因素和深厚的语言内涵，需要学生在诵读中去体会。目前的阅读教学恰恰不重视学生的"读"，而以教师的条分缕析为主，而诵读，由于学生主体心理的对象化投射和对语言形式的直接把握，使他一开始就表现对文本整体知觉性表象的综合领悟，能够迅速把握各种文体的基本内容和情感基调，以更好地完成文学阅读体验式教学初级阶段的任务。

### 2. 加强语境体验

语境，指人们在利用语言进行信息传递时，所处的特定语言环境，它制约和影响着传递过程中言语意义的确立。分析语言现象，必须把它和它所依赖的语境联系起来，离开一定的语境，把一个语言片段孤立起来分析，就难以确定这个语言片段的结构和意义。这里所说的语言片段，可以理解为词语、语句，也可以理解为某些语段、篇章。"意义"则是指一定语境中的语言片段所涉及的文化传统、道德情感、心理活动等多种因素的复杂内涵。

体验式教学所说的"语境体验"，主要是指学生在由句子、段落、篇章等组成的相对完整复杂的语境中展开想象的翅膀，借助心灵的触角，全面深刻地把握其全部深意。从内容上看，文学阅读教学语境体验可着重于以下三个方面：

（1）语境的文化背景体验。由语言符号所形成的语境总会或多或少折射出一定社会特有的文化传统和文化心理，对这种文化背景的体验和诠释会影响学生对语境甚至整篇文本意义的把握。教师应采取多种方法，引导学生借助想象融入特定语境中，感其所感，悟其所悟，使学生已经有的文化心理与语境特有的文化背景相契合，从模糊的情绪感染走向强烈的情感共鸣，最终获得真挚深沉的情感领悟。

（2）语境的心理活动体验。语文课本中的叙事作品，特别是小说、戏剧、散文等文学作品，塑造了一系列性格迥异、血肉丰满的人物形象。这些人物形象的塑造离不开复杂而微妙的心理描写，而这些心理活动在多数情况下不是直接用文字描述出来，而是内隐在某些语言符号背后，受一定语境的影响和制约，需要读者展开想象，身临其境地去琢磨、体味。

（3）语境的美感因素体验。汉语因其特有的人文性极为讲究语言文字及其语境的美感因素。这里所说的美感因素主要指读者在体味文本的某一语境时，所感受到的震撼人心、历久弥新的瞬间性力量。这种力量不只来自语境的内容，即语言符号所表达的意义，而且也来自语境的形式，即语言符号本身。因此，在不同的文体中，语境所侧重的美感因素也不同。

教师应根据情况，引导学生进行体验。文学作品侧重于语境内容方面的美感因素，其中，小说重情节，教师可引导学生体验小说复杂的情节和人物性格；戏剧重冲突，教师可引导学生体验戏剧集中而强烈的矛盾冲突；一般文本则侧重于语境形式本身，记叙文语言生动形象，教师可引导学生从语境意义的生动性和丰富性方面去体验；说明文语言简洁凝练，教师可引导学生从语境意义的严谨性和周密性方面去体验。

### 3. 加强角色体验

体验式阅读教学强调学生读者与文本之间的双向情感交流和对话活动，既重视学生对文本的接受和把握，又强调学生对文本意义的丰富和补充。因此，阅读教学除了指导学生品味语言、把握语境，还要引导学生从自己的情感体验出发，对文本进行个性化的解读和创造性的诠释。教师要使学生做到这一点，最为有效的方法是在把握文本意义的基础上，引导学生全身心投入到作品的情感凝聚物，即意象中去，进行角色体验。这也是使体验从静态走向动态、从内隐走向外显的有效方法。

角色，指戏剧或小说等叙事作品中的人物形象。此处所说的角色泛指文本中集丰富的情感和意义于一身的各种人物，不管是外显的作品主人公，还是内隐的文本作者，他们的情感潮流，他们对世界、人生的认知，都是角色体验的对象。教学小说、戏剧，可以让学生对文中的某个或某类人物形象进行设身处地的深入体验。教学散文、诗歌，同样可以让学生对隐含于文本中的作者进行深入体验。

一般而言，角色体验的方式主要有两种：分角色朗读和分角色表演。这两种体验方式都要求学生在全面理解人物角色的基础上，在逼真的教学情境中把角色塑造出来。在这种复杂而又逼真的情境中，学生对人物角色的理解会在其他角色的影响下变得更为真切、深刻。因为在角色体验式教学中，文学阅读教学的群体性特征更为明显，学生之间、角色之间以及整体氛围与各个角色之间的影响更为巨大。学生对作品形象及其情感的理解也会随之变得深刻。

## 二、体验式写作教学思路探索

从写作的本体特性来说，写作是一种私人活动，离不开学生对生活的体验、感悟和思考，是学生生命历程的记录。体验式写作教学的提出，既是对长期应试写作教学的颠覆，也是对写作教学新秩序的建构。它改变了传统写作教学的方式，让学生回到了生活，在生活体验中实现生命的自我关怀和生命的自我提升，它真正实现了学生的自主写作，真正落实了学生的主体地位。

作为一种全新的写作教学理念，体验式写作教学成为语文课程与教学领域关注的热点。但目前对体验式写作教学的探讨处于起步阶段，且缺乏理论上的系统建构，在实践操作层面上也相对薄弱。然而现有的成果为体验式写作教学的进一步深入研究提供了一定的借鉴和参考。在对体验式写作教学的理论进行多维透视，精确分析其主要特点后，发现在其实施过程中的可行性策略如下：

## （一）体验式写作教学的设计

体验式写作教学是学生用个性化的语言真实表达自己切切实实的真情实感。教师在教学过程中可以通过以下方式引导学生真切体验并表达：

### 1. 引导学生进行体验

不是每一个学生都拥有丰富的生活体验，针对学生缺少生活体验这种情况，教师就要想尽一切可能的方式、手段，创设一定的条件、情境，引导、激发学生相关的体验，从而使学生产生写作冲动和欲望，而教师可以通过以下方式实现：

（1）组织体验活动。体验的产生，首先缘于体验者对体验对象有了切身的感受，因此，亲身经历和直接经验对于体验的形成具有特殊意义。在写作教学中，教师要精心设计活动，无论是课堂活动，还是课外活动，都要吸引学生参与到活动中，在活动中"以身体之，以心验之"，从而产生体验。

相比于听别人说或静止的观察，亲身参与活动是形成体验的最重要的途径。因此，教师要善于组织一些主体性活动，例如调查、演讲、读书交流，有条件的还可以组织学旅活动，把学习与旅游二者结合起来，激发学生参与的热情，让学生在自然的熏陶中感悟、体验。

主体性活动往往是以学生的需要而展开的，这也是为什么学生会积极地投入活动当中去，例如，教师组织学生室外观察，若学生想弄清楚到底葡萄藤是否活着，就会与以往观察相比更加全身心投入。学生的需要是否得到满足，直接影响到他们的情绪、情感体验。同时，在主体性活动中，也存在着主、客双向对象化和彼此融合的机制。在体验中，体验的客体不是同主体的意识生命无关的客体，而是主体生命意识中的客体，体验中的客体是生命化的，甚至是主体生命的一部分。体验者与其对象不可分割地融合在一起，主体全身心地进入客体之中，客体也以全新的意义与主体形成新的关系，此时，无客体也无主体，主客体的这种活生生的关系成为体验的关键。因此，在活动的亲历中，更容易形成学生丰富的体验。

（2）营造体验情境。心理学认为，情境是对人有直接刺激作用、有一定的生物学意义和社会学意义的具体环境。一个具体生动的情境设置，可以引起学生的亲切感和新鲜感，从而调动大脑皮质的优势兴奋中心，提供想象和思维的前提，使学生在一种轻松愉快的情绪下进行学习和创造。情境在激发人的某种情感方面具有特定的作用。写作教学情境，是诱发学生体验，激起学生的写作欲望，调动学生写作兴趣的一种场合、一种背景，一种应急状态。

某一种实际情境，或模拟情境，甚至想象的情境，只要能激起学生对事物的真切感受、深刻理解，并在此基础上形成真实的情感和丰富的联想，就能诱发他们的体验。教师要运用多种手段营造情境，如：联系生活展现情境，播放音乐渲染情境，运用实物演示情境等。

### 2. 唤醒学生的体验感

当学生在心中积累起许多杂乱的感性的"体验"后，这种体验不会随着时间的消逝而消逝，而是要沉淀、浓缩、进化、生成，凝聚为人的大脑无意识记忆等，总而言之是演化为理性模式，这也就是原型。

原型，就是原始方式、原始模式、古老范型之意。原型是一种"开端"，意味着后世不得不遵循的原则，因而是一种活的东西，它要遗传、继承、发扬、变形，它是"源头活水"。原型有以下四点启示：

第一，人们曾经对生活的诸种感受的积累已经作为一种"原型"沉淀在大脑中，成为无意识记忆。

第二，这种原型是一种理性模式，是属于"族类共同体"的，也就是大家所共有的基本模式。

第三，正因为原型属于共有的，因此原型是可以激发的，即同类的体验能得到激发。

第四，原型复现既是继承、发扬，又是开放、变形。即作为由感性自然演化来的理性模式，原型还要演化为新的感性自然，换言之，原型还需要与当下的个体发生此在间的"相遇"，以便生成新的体验。

学生在日常生活中积累了"原型"体验，要唤醒这些体验，应将学生置身于实际的生活中，生活中的一片落叶、一抹夕阳、一段小巷、一扇窗、一个不经意的微笑等，都有可能会激活他们某种积于心底的情绪，唤起写作的欲望。学生心中积累的体验每一次被唤醒，他们都会生成更新的体验。

### 3. 引导学生表达体验

体验并不等同于艺术，体验有时可能是薄弱的、片面的、易逝的。因此，如何引导学生把不易把握的、瞬间性的、内在的、神秘的体验表达出来，成为体验式写作教学的重点。教学过程中教师可以从以下两个方面来帮助学生将体验表达出来：

（1）运用情感化语言。艺术不等于情感，而是情感化的形式，情感本身是一种构形的力量。学生心中积累了或悲伤、或欢喜的情感体验，在写作时，教师就要引导学生运用富有情感性的语言，用会痛苦的语言、会流泪的语言，会欢笑的语言来写作，乏味的语言只能表达乏味的情感，即使当时感觉心潮澎湃。不仅仅是语言这种形式，结构本身也可以传达某种情感，例如采用倒叙手法。另外反复、对比等表现手法都可以用来传达特定的情感，因为情感是作为形式而存在的，形式便意味着情感。

（2）运用个性化语言。体验式写作教学要培养学生原创性的思想和真实化的情感，那么，与这种印有学生主体生命痕迹的言语内容相吻合，作为其外化的言语形式也应具备写作主体的个性特征，即用个性化的语言表达原创性的思想和真实情感。

### （二）体验式写作教学的辨析

从体验美学理论来看，体验与生活，体验与积累，体验与表达，体验与建构，存有多种不同性质的相互渗透和生成性。在写作教学中对其进行多维透视，切实把握体验与生活、积累、表达、建构的关系及其相互渗透生成的特性和规律，对搞好体验式写作教学的实践，提高体验式写作教学的质量有重要意义。教师可以从以下四个角度让学生切实地把握其特性和规律：

第一，让学生认识体验与生活的关系，引领学生自觉主动地参与生活，感悟生活，体验生活。

第二，让学生认识到体验是瞬间的、稍纵即逝的，写作教学要引领学生及时感受、把握与捕捉生活中的瞬间体验，并随时随地记下它，不断积累，养成写作的习惯。

第三，让学生认识体验总是个体生活的独特体验，写作教学要让学生表达个体的独特体验。言别人说的话，编造的生活不是自己的体验。

第四，让学生认识体验的人文价值，体验是主动而非被动的主体的生命活动。写作教学要引导学生自觉主动地体验，不断丰富自我情感，提升自我人格，致力于自我完整性建构。

体验与生活、积累、表达、建构之间除了需要把握相互渗透生成的特性和规律，体验与其单独的关系也需要理解掌握，具体如下：

### 1. 体验与生活的关系

体验美学理论认为，"此在"是艺术体验的缘故、根由、起点。"此在"，原为海德格尔①术语，指个体的、此时此地的、具体的存在。"此在"是表示人的具体的、个体的、感性的生存现实的根本概念、本体论概念，就是指感性存在、尘世存在、有限存在。只是借用来指个体及个体周围的一切存在。因此，引导学生感受生活，深入体验生活，是搞好体验式写作教学首要的、也是重要的方面。

### 2. 体验与积累的关系

写作是无数次体验积累的表达，没有体验积累，或体验积累得不够丰富，学生是难以喷薄为文的。珍视个人独特感受，积累习作素材等，都强调了积累体验的重要性。学生有了丰富的积累，才能有丰富的体验，所以引导学生积累体验，是搞好体验式写作教学的重要途径。

体验的过程就是积累的过程。首先，体验作为动作历程的结果，是可以积累的。体验者在其体验活动的历程中，"物"与"我"的距离缩短乃至最后消失，进入"物我统一"的境界，自我仿佛移入对象中，与对象融为一体。对象进入体验者的生命中，甚至成为体验者生命中的一部分，体验者加深了对对象的理解，对象对体验者生发了意义，所以体验者在其体验活动中所收获的结果或许是意义、印象、感情、感受、感觉、经验等。它们正是丰富的、活跃的、感性的创作素材。其次，体验不是一次就可以完成的。体验作为一种对生活的超越，实际上是一种无限循环的中介，通过它，同类体验的无数过程才得以凝聚、沉积，内化于心。

体验和思想、情感、语言有着密切关联，体验的过程其实就是学生与生活对话的过程，是学生感受、思考生活的过程，这个过程就是瓦西留克所谓的"新的宝贵意识"生成的过程，即是思想生成的过程。在这个过程中，体验的出发点是情感，主体总是从自己的命运与遭遇，从内心的全部情感积累和先在感受出发去体验和揭示生命的意蕴，而体验的最后归结点也是情感，体验的结果常常是一种新的更深刻的把握了生命活动的情感的生成。语言本身就是体验的外化。所以，进行体验式写作教学，应重视学生的思想积累、情感体验积累、语言积累。

---

① 马丁·海德格尔，德国哲学家，20世纪存在主义哲学的创始人和主要代表之一。出生于德国西南巴登邦弗赖堡附近的梅斯基尔希的天主教家庭，逝于德国梅斯基尔希。

### 3. 体验与表达的关系

体验是表达的前提和基础，只有有了丰富的体验，有了激情，才能有表达的欲望，写作才能尽情挥洒。体验和表达是写作过程中不可或缺的两个阶段，在应试写作教学的影响下，教师们往往只关注学生如何表达，却忘记了学生的体验，以至于形成了对写作结构套路的刻意追求。只有在体验中才能表达。体验时，既要有内容要素，又要有形式要素，内容是前提，内容包蕴、指引着形式。从体验与表达来看，应试写作教学重视技巧、技能的训练，即重视如何表达是不符合写作教学规律的，虽然这样做可以在短时间内提高学生的写作水平，但没有了内心的体验，形式就无处依附。

体验呼唤着形式，寻找着形式，形式是体验所引发出来的，只有在学生有了体验需要表达的时候才去寻找表达的形式，而且特定的体验本身就已包含着它采取什么显现方式的依据和要求。所以，必须让学生体验，让学生先有体验，在体验中表达，这一点也说明了加强学生体验积累的重要意义。进行体验式写作教学的目的之一就在于纠正应试写作教学刻意追求如何表达、注重形式这一弊端。

### 4. 体验与建构的关系

体验是一种建构，体验式写作教学是一种建构性写作教学，只是体验这种建构不是以达到某种外在的实体结果来进行的，而是通过改变学生的意识和心理世界来进行的。体验是生活及自我向学生内心世界开掘的心理过程，这一过程是意义的瞬间生成，生成是一种动态的过程，是某种东西正在发生的动态过程，这个过程是没有停止、没有结束的，它正在持续进行，生成就是某种新的东西正在兴起、正在发生，生成的事物是方兴未艾的。体验式写作教学正是通过体验的瞬间生成来改变学生的意识和心理世界建构的。

学生在体验的过程中，叩问生活、生命的意义，接纳生活、生命的意义为他们的自我意识、自我价值，这正是学生的自我充实、扩大、发展与建构。体验式写作教学应该面对学生生命的内在需要，及时引导学生向自己的内心世界开掘，真诚而又自然地表达自己的体验、感受、思考，抒发自己的情感，并在这一自我表达的过程中，正确认识自己和剖析自己，调整自己的心态和情绪，提高自己的精神境界。

不仅如此，体验是自由的、自我的体验，体验式写作是学生自由的、自我的实现。艺术家的创造与自由的自我创造是具有同一性的，艺术可以直接穿过表象感受到隐藏起来的自由的自我。而体验可以从两方面来把握：一种是纯粹的、情绪性的存在，自我是纯情绪性的心理状态；另一种是瞬间生成的绝对，无限的永恒存在，自我在这里置身于生命冲动的源泉内部，变得充满生机，感觉强健，与生命无限交融。

总而言之，学生通过体验，在体验中发现、揭示生活、生命的意义，他们获得了内在的充实，骤然间精神饱满，情绪高涨，甚至是自由的自我释放，自我的实现。

# 第二节　高中语文读写课程模型的构建策略

## 一、高中语文阅读课程模型构建策略

### （一）阅读课程模型构建策略

阅读课又称教读课，是日常教学中使用频率最高的课，是日常语文阅读教学中一种传统的主流课型，它在高中语文教材上占有较大的比重，是高中语文学习的重要组成部分，是学生开阔视野、培养语感和思维能力的重要手段。

#### 1. 阅读课程模型构建的要求

（1）要明确课文在单元中的作用和地位，着力于一两个知识和能力的训练要点。

（2）要确保教师的指导作用，教师既要有好的教学方法，也要科学地、和谐地安排师生双方的活动，注重语言的积累、感悟和运用。

（3）注重培养学生良好的语感和整体把握的能力，有利于培养学生"自能读书"的习惯。

（4）在发展语言能力的同时，发展思维能力，激发想象力和创造潜能。

（5）注重训练学生对读物的综合理解能力，注重精读、略读、浏览能力的训练。

（6）注重词句理解、文意把握、要点概括、内容探究、作品感受等方面的教学。

#### 2. 阅读课程模型构建的过程

（1）设置情境、导入文本。创设导入情境的方法很多，密切联系所学内容，利用信息技术手段，创设直观情境，问题情境，想象情境，激发学生的学习兴趣。

（2）目标导航，自主阅读。这是讲读教学过程的初始阶段，要求学生通读课文，把注意力集中到对课文内容的感知上，能概括情节和大意，大体把握文章的基本内容和特点。通过读书，让学生把握文章的主要内容、写作思路及作者的思想感情；通过读书，提出读者的个体反应、体验和共鸣；通过阅读感悟，体现学生的自主学习，使学生养成认真读书的习惯，初步具备提取重要信息的能力。

（3）研读赏析，交流探讨。研读问题的来源有两个：一是学生提问，二是教师设问。对这两个来源的问题，学生提问需要教师在学生中搜集后加以筛选，教师设问要求教师将问题提到关键。需要唤起学生的有意注意，让学生去捕捉文中关乎全局的信息，如题眼、文眼、中心词和重点语句等，引导学生在重点段进行揣摩和分析。这一过程，教师可根据学情实际，采取趣教的方式构建课堂，这是一种教材处理，也是一种教学方法处理。

（4）重点讲解，深度研习。针对重点难点，教师精讲，讲授的内容要突出重难点，讲解问题要透彻到位，始终把训练学生的思维能力、培养学生独立解决问题的能力、主动学习的品质和创新意识放在首位。

（5）归纳小结，拓展提升。归纳小结是极为重要的，可以是教师归纳，可以是学生归纳，也可以是小组归纳。通过网络信息技术手段进行拓展交流。拓展就是让学生在合作学习的基础上进一步探索延伸，拓展的环节有比较多的形式，如文本之间的拓展、向读的拓展、向写的拓展、向生活空间的拓展、从原文本向超文本的价值空间的拓展，这是学生学习的进一步深化和发展。

### 3. 不同文体的课程模型构建

阅读课是语文教学的基本课型，因而研究中，侧重探索各种文体的阅读教学课型。

（1）散文讲读课型模式。散文作为文学作品的一种，题材丰富，内容广泛，情真意挚，手法灵活，从内容到形式都非常灵活自由，在中学语文阅读教学中占了很重的分量，如何教好这类文章，提高课堂效果，是语文教师不能回避的话题。散文教学对学生语文素养的形成和提高起着至关重要的作用，而散文教学则是语文教学的一大难题。现代散文阅读课型，旨在寻找一种比较简单易行的模式，让学生通过多次实践，掌握有效的阅读路径。

散文属于文学作品，文学作品的教学，首先，是要完成对作品形象的理解；其次，是要完成对作者情感的把握；最后，是要完成文本语言和艺术手法的分析。在实际教学中应该通过某篇范文的教学，教给学生此类文章的阅读方法，使学生掌握该种文体的基本特征，培养学生阅读散文的兴趣，陶冶学生的审美情操。散文类讲读课的课程构建过程如下：

第一，引导入境，自主阅读。情感是散文的生命，而它往往渗透于意境之中，意境是散文"美"的灵魂。因此，引导学生入境是让学生理解把握文章内容的前提。教师要善于创设问题情境，让学生形成良好的阅读期待，自主阅读体味文本意蕴，自主获得感性经验，让文本生动起来。

第二，抓住文本，理清脉络。"文眼"乃是散文中关键的词句，是作者极力刻画描摹的中心点、情感的凝聚点、内容的核心点、结构的衔接点。有"文眼"则通篇皆活。抓住了"文眼"，就是抓住了全文的关键所在，就找准了理解全文的线索脉络。教师要依据文本，及时引导学生认识文眼，耐心引领学生反复研读，仔细揣摩，领悟文章的主旨和神韵。

第三，分析细节，探寻旨意。阅读散文要从主要人物、事物、景色等入手品味作者的旨意。

第四，揣摩语言，领悟情感。学习散文要通过品味其独特的语言，抓住语言中具有美感的因素进行挖掘，透析深藏于文字之中的思想情感，把握作者独特的表达和抒情。生动的细节是散文富有感染力的一个重要特点，引领学生把握细节的内涵往往能很快走进作者丰富的情感世界。

第五，跨越文本，达成目标。散文教学不仅要求读懂课文，而且要求学生在文本基础上建立自己独特的感悟。寻找文本的空白处进行创造性补写，可成为教学对文本超越的有益尝试。

（2）诗歌讲读课型模式。诗歌比别类文学谨严，较纯粹、较精致。想养成纯正的文学趣味，最好从读诗入手。能欣赏诗，自然能欣赏小说、戏剧及其他种类的文学。所以，新诗教学能培养学生纯正的文学趣味，提升学生的欣赏能力和文化品位。诗歌讲读课型模式的课程构建过程如下：

第一，导语，走进诗歌。诗歌欣赏需要心灵的参与，而生动富有激情的导语，则可以唤醒学生的情感，让他们静下心来进入诗人所设置的情境。诗歌导语设计的角度很多，可以从背景导入，知人论世；可以围绕意象，形象导入；可以图片展示，感染情绪；可以设置音乐背景，朗诵导入。除这些外，诗歌教学还可以联系旧知识导入、比较导入、设置悬疑导入、技巧导入、激发学生探索导入等。不管哪种导入方法，目的只有一个，那就是激发学生学习诗歌的兴趣，在开课时就把学生的目光吸引到诗歌的殿堂之中。

第二，吟诵，以声悟情。面对今天内心真正缺少感动的学生，在进行新诗教学时，可以朗读为突破口，通过各种形式的吟诵，让诗独特的文学魅力通过声音直击学生的心坎，凭借吟诵再现诗歌意象，凭借吟诵再造诗歌形象。诗歌教学的课堂就应以学生自由朗读、个人朗读、教师示范、集体朗读等多种方式让学生以自己的理解力自由感受诗歌的优美韵味。还可以利用电脑中的录音软件给学生的现场朗读进行录音，再重放出来，让学生再次聆听自己的声音，并让其他小组同学进行点评，共同感悟诗歌的美。

第三，涵泳，以品人味。品味语言是进行诗歌赏析的重要环节。只有准确地理解了诗歌的语言，才有可能更进一步地对其进行判断、评价和鉴赏。品味语言一般侧重从遣词造句、语句含义理解和表达技巧品析等方面入手。遣词造句，一般要涉及词义、典故以及用词、用句的精妙所在等。语句含义理解，一般考查某一语句所蕴含的言外之意或言外之情，而考查的重点往往是那些对表达主题、深化意境、突出形象起着关键作用的词语和句子。表达技巧品析主要从语言表达方式和修辞手法两者入手，语言表达方式有抒情、叙述、描写、议论等，修辞手法有比喻、双关、借代、比拟、对比、夸张、用典、倒装、叠词和互文等。

第四，赏读，研析技法。诗歌的形象性与抒情性要借助各种艺术手法来表现。例如白描、比兴、象征、衬托、渲染、抑扬、想象、联想、虚实结合、动静结合、运用典故、借景抒情、移情于景、托物言志、卒章显志①等。借助这些手法，有助于披文入情。诗歌技法的赏读，教师要注意让学生懂得所用的表现手法的常用术语，注意引导学生弄清表现手法与表达方式、修辞手法的区别，注意引导学生着眼于诗歌整体或部分产生的效果去把握。

第五，背诵，内化积累。教师引导学生背诵积累诗歌，可采用灵活多样的方法，如表演背、比赛背、据意背、据时背、据画背、轮换背、抄写背、听记背、限时背、接龙背、问答背和创设情境背、多种形式综合背等。引导学生背诵诗歌，要注意背诵与自查自悟相结合、背诵与赏析相结合、背诵与运用相结合。

（3）议论文讲读课型模式。议论文讲读课的课程构建过程如下：

第一，整体阅读。通过整体阅读，找出全文的主旨句。

第二，理清文脉。切分全文的段落层次，进而找出每个层次的关键句子。

第三，突出重点。文中有一个词贯穿了全文，它与人生境界有着密切联系，甚至由它决定人生的境界，它会在文中出现多次，需要引导学生对其做出正确的理解。

（4）文言文阅读教学课型模式。作为传统文化载体的文言文，在推动国民继承和发扬传统文化方面起着至关重要的作用。但文言文的教学一直是个难以攻克的高地。究其根本原因便是字词难解，而唯其字词难解，使得众多语文教师不遗余力地把教学重心放在上面，更多采用"教师讲、学生背"的注入式教学，学生缺少自主探索、合作学习、独立获取知识的机会和能力。为此，有必要正视当前文言文教学中存在的问题，依据课型特点，研究文言文阅读教学模式。文言文讲读课的课程构建过程如下：

第一，学案导学，通文会意。作为教材，文言课文的注解向来较详。对课文字词句的

---

① 卒章显志是文章立意的手法之一，具体做法是在文章结尾时，用一两句话点明中心、主题。"志"就是指文章的主题、中心。"卒"为完毕。恰当运用这种手法可以增加文章的深刻性、感染力和结构美，有"画龙点睛"的艺术效果。亦作"卒章见志"，是很常见的一种写作方法，一般地说，几乎在所有文体中均有应用，在散文中使用较多。

教学，大可不必字字句句由教师对号入座式地讲解。为培养学生的自学习惯，教师应在学生熟读的基础上，放手让学生对照注释自学字、词、句，力求让学生自解。有些字、词、句，学生对照注释自己难以理解，应提倡学生互相讨论解决。

第二，质疑问难，梳理整合。教师点拨，学生自学可以对课文字、词、句有粗略理解。但是，无疑还会存在部分难点不能解决、部分重点内容不能把握等问题。这个环节，就要求教师在充分了解学生自学讨论情况的基础上，对学生存在的难点和未能把握的课文重点给予及时点拨，让学生对文言文的学习产生顿悟；对文言文词汇的意义、用法和句式特点，若采用静态讲解，教师讲得苦，学生又不易理解且遗忘也快。采用练习形式，在动态训练中归纳梳理，就可较好地解决这一问题。这样，学生不仅印象深刻，而且学得灵活，易于迁移运用。

第三，检测反馈，达成目标。选取与文本内容相近、文体相似的作品以延伸阅读空间，检测巩固课堂教学效果。因此，文言文阅读教学在完成了前面这些环节的教学任务之后，必须加强学生背诵积累的指导督促，以求达到以读促讲的功效。缺少这一步，文言文的教学就是飘浮的，学生文言文阅读能力就没有提高的可能。

## （二）自读课程模型构建策略

自读课从教学内容来说，是指语文教材中的"自读课文"；从授课形式来说，是指学生在教师指导下运用讲读课中所获得的知识、能力，有效地读懂课内或课外的文章，达到自读目标，培养学生应用和分析能力的一种课型。

自读课的教学，最易忽视，最难落实，最难坚持。自读课不能理解为学生脱离教师的独立阅读活动，而应是在教师的组织和指导下复习并练习讲读课所学之法来阅读新课文。由于学生活动的增多，学生会在自读活动中主动发现或提出各种问题，并运用自己掌握的知识和技能分析问题和解决问题，锻炼并提高自己的语文能力和语文素养。所以，必须有一个既符合自读课的教学规律，又能提高自读课教学效益的教学模式来规范自读课的教学。在阅读教学中要重视自读课的教学，用系统论和实践论的观点处理好讲读课和自读课的关系。讲读是为了自读，自读是讲读的目的，是"会读""不需要教"的实践，从讲读到自读有一个过程，在这个过程中，自读课的教学目标要注意和相关单元的阅读课要求一致。

### 1. 自读课程模型构建的要点

（1）教学目标：用系统论和实践论的观点处理好讲读课和自读课的关系。讲读是为了自读，自读是讲读的目标，是"会读""不需要教"的实践。

（2）教学内容：以教材自读课文为主，也可以做扩展阅读，总而言之要有利于培养学生良好的自读习惯，培养学生的自学能力。

（3）教学对象：激励学生积极参与，培养良好的自学习惯，关键在于满足学生求知的需要，获得的需要必须激励学生，激发学生的自动力。培养必要的阅读能力，包括"达到一定的阅读速度"和"感情性强"两个方面；培养初步的鉴赏能力，指欣赏文学作品时会感受作品中的形象及优美精警的语言及表达技巧。而培养思维能力，要在自学过程中，着眼于观察、培养学生比较、分析、质疑、判断等能力。

（4）教学方法：以学生自读为主，包括学生个体的自学、学习小组的讨论、班集体的合作、教师作为交流者的参与等。应选择那些有利于自学的教学方法。应把活动时间不少于三分之二作为硬指标，重反馈、重答疑。

自读课是学生主体论的高度体现，是学生高度参与教学的一种课型。这种课型在课堂教学过程中表现为学生大量的实践活动，如：圈、点、画、批注，运用工具书、做读书笔记、写心得体会等一系列的学习活动。

## 2. 自读课程模型构建的过程

在语文教学实践中，可以总结出一种自读课课型的教学模式，也就是"自读导学六步式"，即在自读课中，学生在教师的引导、指导、辅导下，进行以自读、自学、自练为主的一种教学模式。自读课程模型构建的六步程序如下：

（1）导学。教师巧妙导入，引导学生进入自学状态，激发自学兴趣。只有强烈的求知兴趣，才会在自读中产生良好的心理条件，推动学生进入积极的思维状态。从兴趣出发，以激为触发点，激而成趣。激趣导学的方法可以情激趣、以疑激趣、以故事谜语激趣、以多媒体激越等。

（2）自读。学生根据教师或自己设置的学习目标独立阅读课文、探究问题。它包括学生的一切自学行为，如默读朗读，圈点勾画，使用工具书查字典词典，给生字词注音解释，找出课文的关键词语、精彩语段，做笔记，理清课文的脉络，辨析课文的体裁，提出疑难问题等一系列的学习活动。这实际上是学生深入课文内部、感知材料、训练语感的过程，是自读课的核心环节。

（3）质疑。质疑就是要学生提出问题，提出有质量、有价值的问题，这就要求学生反复研习课文，积极思考、理解、分析、比较、推理、判断，从而在反复的研习过程中提高学生的思维能力。在教学中，采取循序渐进的原则，鼓励学生先提出一些简单的问题，大家积极思考、解答，教师表扬鼓励，这样，学生提问题的热情就会越来越高涨。然后积极鼓励学生钻研课文，提出有价值的问题，这样做比教师的主动提问更能锻炼学生的思维能力。

（4）点拨。这是学生在自读学习中探索问题时思路贫乏，或进入"死胡同"的时候，教师予以启发、引导，教给学生学习方法的过程。

（5）互动。这是指在课堂自读过程中，通过发挥学生的主体性和教师的主导性，使教师、学生、教材和多媒体之间互动起来的过程。互动环节在自读课文学习中表现为师生交流、学生之间讨论辩答，协助学习。小组讨论是互动教学程式中的一个最重要环节，它最能体现建构意义理论中关于以学生为中心的观点，最能体现学生的主体地位。在这个环节里，学生围绕自己所提出的问题展开讨论，每个成员都必须发表自己的见解。讨论过程中，教师不轻易给结论，较难的问题，教师也只是加以适当的引导和点拨，尽量由学生自行解决；一些开放性的问题，让学生充分发挥想象和联想能力，培养学生的发散思维能力。

（6）实践。通过自读，学生开阔了视野，学会了自读的方法，训练了技能，培养了语感，掌握了一定的阅读规律，学生就可以将这些知识和技能运用到实践中去。像学会摘录词句，平时就可以养成边读书边摘录的习惯。学会了按照"是什么""为什么""怎么样"的阅读思路去阅读文章，学生在课外阅读报纸杂志、小说名著时，就会知道怎样进行阅读。

### 3. 自读课程的模型构建方向

对于自读课程的模型构建也要有新的观念，把讲读课的听课变为自读课的看课。传统的评课基础是听课，而自读课的特征是高度体现学生主体论，要求学生高度参与教学的一种课程。学生参与课堂教学的时间不少于2/3。这种课程在课堂教学中包含大量的学生活动，如：看书，读书，动笔圈、点、画、批注，运用工具书，查字典、词典，做摘抄、笔记，写心得体会，续写、仿写，质疑，交流，讨论等，这一系列的学习活动，靠传统的听课是很难达到效果的，故要改听课模式为看课模式。

## 二、高中语文写作课程模型构建策略

### （一）写作课程模型构建的要点

第一，教学目标。写作教学应遵循一个合理的程序，按部就班地进行。一般而言，教学的程序应体现由浅入深、由简而繁、循序渐进原则，依照大纲要求，依据教材实际、学生实际拟定目标。在训练的要求上，规定分阶段训练项目的质量要求就构成了所谓的训练序列。每一阶段的要求越明确越具体越好。

第二，教学内容。将说读写结合是主要的教学内容，教师可以依据写作要求，把阅读教学和写作教学结合起来，把说与写结合起来，指导学生把知识转化为技能，提高写作能力。命题贴切。命题是体现、落实作文教学目标和思维训练序列与方法训练序列的一个重要形式，使写作教学有较强的计划性和可操作性。

第三，教学手段。语言表达是教师向学生传授知识的主要形式，教学时注意表达准确、清晰、流畅、生动。教师的语言修养在很大程度上决定着学生在课堂上脑力劳动的效率，教师清晰、准确、生动的语言能给学生在写作中的遣词造句提供很好的范例。

第四，教学效果。教师按计划依时完成教学任务，学生的写作能力、评改能力会得到增强。作文的训练过程往往不能在一节课内展现，因此，需要强调各个教学环节衔接紧凑，以求得教学目标的圆满完成。

## （二）写作课程模型构建的过程

写作课基本课程模式分三种：作文导写课模式、作文专项训练课模式和作文讲评课模式。下面以作文导写课模式为例具体分析写作课课程模型构建：

作文教学是学生在教师指导和训练下学习和理解写作知识，形成写作能力的过程。当然在作文导写课上，教师要教给学生一些有规律性的东西，如审题的规律、确立中心、选材的方法、布局谋篇的方法等，只有这样，才能使学生在以后的学习中写作自如。在整个习作指导过程中要注意做到读写结合，让学生通过"读"去解决写作当中遇到的实际问题。典范的文章，非常适用于"写"的指导，尤其是教材在安排训练上，很多都照顾到了"读"与"写"相结合。

在教学中，教师可以引导学生回忆一些范文的写作特点，也可以在学生写作中，遇到实际问题时，引导学生再读课文，从中受到启发，找到方法。要引导学生学以致用，把阅读教学中学过的一些表达方法运用到自己的习作中去，如：比喻句、拟人句、排比句等修辞手法，过渡句、总分总、围绕中心句设段、先概括后具体等写作方法，运用平时积累的佳词妙句等，使学生真正体会到阅读就是写作这一道理。

上好作文导写课的前提是要给学生以深厚的人文关怀，真正认识到学生是学习的主体、作文教学的主体、发展的主体。在教学设计时要充分考虑学生的实际基础、兴趣爱好、发展需要，站在学生的角度定内容，使学生乐于接受且易于接受这些内容。在教学过程中让学生自主思考、积极参与、能动发展、畅所欲言，使课堂洋溢着民主、和谐、开放、活跃的气氛。

学生实现其主体地位、发挥其主体作用的过程，应该是对各种外部信息筛选、吸收、整合，从而丰富自身知识经验，完善自身认知结构的内化过程。就作文导写课而言，应该是把与作文教学目标相关的写作基本理论知识、他人的写作技能和写作经验内化为学生自己的写作技能的过程。如果没有这样的内化过程，只是形式上的，就谈不上真正意义的主体地位和主体性。作文导写课课程模型构建有以下环节：

第一，激发情感，目标定位。这一环节的核心就是用生动活泼、新颖别致的形式构筑情感和思维"平台"，可以用生动流畅的语言，也可以用情节跌宕的故事，还可以用丰富多彩的课内外活动，或展示学生的美文佳作营造氛围，将学生自然而然地引入特定的教学主题，帮助他们开启真情实感的"闸门"，让学生"想写"，为下面的"写作点拨"铺路搭桥，情趣导源。

第二，例文引路，思路点拨。例文可以是课内外的名篇名段，或学生的美文佳作，或教师的范例作文等。教师结合本次作文训练适当对例文进行精要点拨，为学生的有效模仿打下良好基础。指导学生独立或通过小组合作交流形式进行审题，教师进行指导点拨，提出写作要求。这样既能开阔学生思路，又能防止出现审题偏差，对于训练学生在写作中迅速理解命题者意图、领会写作目的很有帮助。

第三，素材交流，赏析评说。组织学生进行素材交流，要按照训练要求进行素材的赏析和评说，使素材升华为能服务于主题需要的新颖题材，供学生相互借鉴。

第四，列出提纲，限时写作。在教师的指导下，让学生养成列提纲的习惯，然后进行限时写作。在学生明确了写作训练目标和写作思路后，要让学生在规定的时间内完成作品，训练学生养成快速成文的习惯。

第五，修改交流，总结激励。文章不厌百回改。学生写作成文后，教师要引导学生对自己的作品进行阅读、修改，使学生养成主动修改的习惯。在此基础上也可以让学生在小组内进行交流、修改或批阅、评点，给学生创造一个合作学习与交流、相互借鉴和模仿的机会。最后是教师的总结激励。

# 第三节　高中语文读写互动教学模式的实施策略

## 一、阅读教学中的写作训练

教材中的文本是学生进行写作训练所需要的素材和经验的直接来源，文本阅读的过程也是学生积累写作经验的过程，阅读与写作都要解决"写什么、为何写、怎样写"的问题，所以写作训练要基于阅读教学进行，从阅读教学中汲取写作的营养。

## （一）基础性写作训练

### 1. 仿写

仿写是仿照文本的素材、结构、语言写出相应的句子、段落或篇章。教材中的名篇佳作是学生仿写的最好样板。需要注意的是，仿写不是照搬照抄，而是模仿名篇佳作的写作风格、取材方法、结构布局、语言修辞等，一定要经过自己的智力创新。仿写开拓了学生有限的思路和狭窄的视野，给学生创作提供了一个广阔的空间。

在语言上，可以仿写课文中的句式、优美细腻的文字，继而进行遣词造句。在文体上，教师可以引导学生依据课文所属文体，仿写同类体裁的作文。学散文就写散文，做到学什么写什么。作文有了创造力才有活力，想打破作文千篇一律的模式，教师要鼓励学生大胆创新，做到标新立异。

### 2. 改写

改写是在充分理解文章的基础上，保留原文的写作材料和情感主旨，通过变化文章的表达形式进行的一种写作训练。可以通过以下三个角度进行改写：

（1）改文学体裁。文学体裁，是指诗歌、散文、戏剧、小说四大文学样式。改文学体裁就是根据写作的需要，将这几种文学样式互相转换。其中，诗歌的语言凝练、跳跃，情感丰富，转换起来难度也较大，但也是最能锻炼学生语言表达能力和想象力的一项写作训练。

（2）改语言形式。在学习叙事性文言文时，可以采用改语言形式的写作训练方式。文言文语言较之于白话文而言，比较晦涩难懂。通过将文言文改写成现代白话文，学生会提高阅读文言文的主动性和积极性。学生在改写时，会想方设法还原现场，运用最恰当的语言和修辞，这本身也是深化阅读的一个过程。

（3）改写作人称。有的文学作品是第三人称视角，作者是以旁观者的身份进行写作的。在写作训练中，通过变换写作人称，即将第三人称变换成第一人称，可促进学生以"我"的姿态深入文本阅读，审美体验活动更加直接。

## （二）创作型写作训练

续写和评写是基于阅读的写作训练的高级形式，要求对文本内容、思想、结构等非常熟悉，并不拘泥于文本，对文本有着独到的理解和思考。

第一，续写。续写是自然延伸文本的情节。续写在叙述人称、语言风格、人物性格等方面都要忠实于原作。这要求学生要将原著烂熟于心，全面地把握原著的故事情节，掌握原著的语言表达技巧，了解人物性格。

第二，评写。阅读是文本体验的过程，作者写作时会融入自己的审美体验，读者阅读时也会融入自己的主动感受，教师应鼓励学生对教材文本进行评写，表达自己的感受和思考。评写是对文本进行审美鉴赏的写作训练，引导学生带着思考去阅读，善于移植审美体验，全面提高语文素养。

## 二、写作教学中的阅读收获

写作教学是语文教学的重要组成部分，写作不是阅读的附属产品，教师应该重视写作教学的独立性和系统性，完善写作教学环节，突出写作反思，提高作文教学的有效性，以完整的写作教学促进阅读教学，实现阅读与写作的实质性互动。

第一，从教材范文中感受逻辑结构的严密。教材中的范文是学生阅读与写作的良师益友，对范文的鉴赏绝不仅限于语文课堂之内，鼓励学生带着写作问题去教材的范文中寻找答案，学生的阅读目标性更强，会对范文精巧、严密的逻辑结构体会得更加深刻。

第二，从教材范文中感受思想内涵的丰富。"立意"一词本是中国画术语，指画家对客观事物反复观察而获得丰富的主题思想。语文是一门综合性的课程，是一门关于人的课程，教师在语文教育教学中应建立"三生观"，即生命观、生活观、生态观，引导学生在阅读与写作中关注社会、关注自我、关注自然，努力提高阅读审美感受力和写作的审美意境。

## 三、创造读写互动的教学条件

阅读与写作互动教学是教师、学生、文本三方互动的过程，其中教师的综合教学素质、学生的语言学习素养、文本的内容结构编排是开展阅读与写作互动教学的基础。教师在教学过程中可以通过以下方式创造读写互动的教学条件：

（一）搭建互动平台，完善读写编排

第一，在必修教材内搭建互动教学平台。必修教材每册的写作专题各不相同，但每册教材内部的写作训练又会体现出多维性，教师可以灵活安排写作训练的顺序，在不同的必修教材之间创建联系。

第二，搭建必修与选修的互动教学平台。必修教材写作训练突出的人文感受、生活经验的抒写，未涉及具体的写作技巧和辞章表达。关于写作技巧和辞章表达方面教师可根据下列详细的分类进行指导：①写真话，抒真情；②观察、选择、提炼；③审题与立意；④细节描写；⑤叙事归纳；⑥论点与论据；⑦议论文的分析；⑧议论文的结构；⑨文学写作；⑩语言的锤炼；⑪修改。

## （二）突出文体特征，补充语文知识

高中语文教师在教学过程中有必要突出文体特征，补充必要的语文知识。当然在不同的文体中学习的侧重点也不同，具体如下：

第一，记叙文重点学习选材和修辞。记叙文文体是学生比较熟悉的文体，但学生在阅读写作中经常会出现"心有所感而不能言"，选材不精、修辞不新，导致写作内容单薄、语言苍白。教师在阅读教学中不能回避文体问题，通过反复研读教材范文，引导学生学习记叙散文选材和修辞技巧。

第二，议论文重点学习观点和结构。议论文写作也是高中阶段语文写作训练的一个重要内容。很多学生在写议论文时，行文前完全没有清晰的主旨和结构，写着写着发现写不下去了，最后自己都不清楚写的到底是哪些内容。其实是他们在写作议论文前，缺少总体构思，不肯在写作之前先研究一下为文之术。

在近些年的语文考试中，作文题多为"不限文体"，本意是让学生自由选择文体进行创作，但是，慢慢已经发展成很多学生的作文没有文体特征了。学生由于缺乏关于文体具体知识的教学，就认为只要内容、情感符合作文要求就不会失分了，只顾天马行空地去写，根本分不清各种文体之间的区别，导致出现了很多模棱两可的文章，尤其是议论文和记叙文之间模糊不清。其实，教材中无论是文言议论文，还是现代议论文，对学生的议论文写作都有重要的指导意义。

第三，说明文重点学习语言和方法。说明文的学习要突出说明语言和说明方法。学生在文本学习时要了解和掌握说明语言的特点：准确和简洁以及说明方法，如举例子、打比方、列数字、做比较、引用等，如果离开阅读的内化，学生就不会主动将这些特点和方法外化于自己的作文之中。

# 第四节 高中语文阅读情感的教育教学模式的实施策略

## 一、明确目标，进行教育内容设计

阅读文本除了作为学习中国语言文字的基础，还必须发挥它的情感教育功能。教学目标是教学活动实施的参照标准和预设结果，对教学活动是否能高效完成具有重要影响。因此，要想顺利高效地落实情感教育，明确情感目标就是最先要做的事，换言之，教学过程中除了对于基本知识和基本能力的训练，还要设置具体的情感教育目标。

教师应该加强和学生的沟通交流，深入了解他们的情感发展程度，尊重其情感发展规律和特点，设定切实可行且有价值的情感目标，以求学生乐于接受，更容易落实。但是，情感目标确立得再清晰明确，如果没有进行精心的设计，在有限的课堂时间里，情感目标往往会被很多教师忽略，或者遇到涉及情感教育的内容就没有进行仔细讲解。情感教育充满主观性，这就需要教师在确定情感目标之后，还要科学、精密地对其内容和形式做精心的准备和设计。在阅读教学中，情感教育不能随意为之，教师对教学内容的设计在很大程度上影响着情感教育的效果。阅读教学想要更好地实施情感教育，就应该在教学设计中特别重视情感教育，进行精心设计。

教师应该把教学设计环节作为重中之重，在此之前，还要对学情进行深入了解，设计要符合学生的情感发展规律，使其欣然接受而不抗拒。此外，在教学过程中，教师不能一味按照预定设计，机械化地进行情感教育，要尊重学生的主体地位，根据实际情况随时灵活调整。

## 二、以读为先，体会文章中的情感

在传统课堂上，大多数教师都习惯把"讲"放在首位，把文本肢解成知识的碎片灌输给学生，或者把自己对内容情感的感悟强塞给学生，学生对文章读不到位，也没有时间去思考，自然对课文情感的感知浅显。这样的阅读教学，不能让学生深刻地理解文章内容，体会到作者的思想感情并受到熏陶感染。教师应该要立足于教材文本的"读"，让学生和作者心灵相交融，以此体会文章中复杂的情感。

### （一）初读阶段

从古至今，在阅读课堂上，每篇文章在学习之前，无论内容如何，教师基本上都会设定一个共同的任务：准确、流畅、有感情地朗读课文。而"准确、流畅"又是"有感情地"前提。可见，只有初读后先感知课文大意，才能在接下来更好地感悟文本中的思想感情。初读文章的阅读感受往往很重要，很有可能引起学生最真实的情感反应，激起他们的学习兴趣。这样的课堂，就不再是教师"填鸭式"的思想灌输，而是尊重学生的独特体验，使学生有所思有所悟，情感被拨动，思维得到提升。不仅如此，还有利于学生在教师指导下进一步深化解读文中的人物形象。初步读文本，学生充满探索的好奇心，兴趣高涨，情感更容易被唤醒。这个时候，再经过教师的点拨和解惑，又会获得新的情感体验。所以，初读更容易打开学生情感的闸门，为接下来的阅读教学打下坚实的基础。

### （二）精读阶段

高中语文教材中收录的都是脍炙人口的作品，文本中有很多精彩的片段、词句，只有精读才能读出其中的意蕴和情感。学生在之前的初读环节，倾向于情节的曲折和自己感兴趣的内容，而做不到深入剖析语言蕴藏的情感。一篇优秀的作品必然要字斟句酌，体会字里行间流露出的丝丝情意，感受作者浓缩在作品中的人生观和价值观。在精读阶段，教师要引导学生认真思考那些蕴含着作者情感的词句，去深切地体悟作者的内在心灵。

### （三）反复诵读阶段

高中语文教材中有很多文化精髓，还有很多脍炙人口的现当代文学精品。教师要鼓励学生对教材反复诵读，这有助于学生深入体会经典之作的博大精深，在吟诵中和作者的情感相交融，提升阅读能力。

## 三、创设情境，融入角色启发情感

情感的萌生常常带有一定的情境性，情境又通常是情感来源的前提，二者相辅相成。因此，教师不仅要声情并茂地进行教学，还应该因文制宜，营造相符合的情境，在生动具体的情境的陶冶中，走进作者的情感世界，较快地融入角色，有利于高效率地解读文本，使情感得到启迪。

### （一）艺术导入情感

在阅读教学中，艺术化的导语不仅能营造氛围，增强学生的兴致和求知欲，还能调动情感，为接下来的深层解读拉开情感的帷幕。因此，语文教师就需要"披文入情"钻研文本，把学生的情感体验和文中作者的情感相连接，以共鸣点来进行导入设计，拨动学生内心的涟漪。艺术的引导可以通过多种形式来激发学生的情感，如一段趣味横生的故事、一次声情并茂的演讲、一幅栩栩如生的图画、一曲美妙的音乐、一段巧妙的设问等，都能传递给学生丰富的情感信息，激起学生的情感需求。

## （二）想象激发情感

文学作品必须结合想象才能更生动，想象有利于学生思维的发散，借助想象挣脱语言的束缚，深化情感，驰骋于作者的情感世界，获得如临其境、如触其物的真切感受。这就需要教师调动一切情感因素，声情并茂，把枯燥无味的书面文字转化为具体、逼真的意境。不断引导学生挥动想象的翅膀，在情景交融的文本世界中体验作者的情感，从而使学生的兴趣高涨，把阅读鉴赏的教学活动引向更深的层次。因此，课堂上教师要善于用良好的语言艺术把文中词句塑造成可观可感的具体情境，启动他们的情感机制，来达到理想的课堂效果。

## （三）音频渲染情境

多媒体以其形象性和生动性成为现在越来越普及的教学辅助手段，在教学中，或用符合文本意境的歌曲调动学生的情感，或把单调的文字符号转化为具体形象的图片或影视来刺激学生的感官，使他们更深入地融入作者的情感世界。

当然也可以尝试用乐曲造境。乐曲不仅声调婉转悠扬，而且往往充满遐想，引人入境。合理地选择与教学内容相适应的乐曲，既能提高学生的积极性，强化他们的求知欲，又有利于他们更好地融入教学情境中。在阅读教学中同样也可以运用图片或影视再现情境来达成效果。

## （四）活动调动情感

传统的阅读教学往往以教师为中心，忽视了学生的兴趣、爱好和主动性。因此，必须突破传统的教师讲、学生听的单向结构，打造以学生为主体的新型课堂。

学生单纯的听讲并不能深入理解课文内容，教师可以在教学目标的指导下，围绕一个或若干个问题组织学生讨论。学生自己动手搜寻和翻阅资料，既能提高搜查筛选信息的能力，又能在其间汲取到更多知识丰富自身。在讨论中，自由发言的形式，不仅能使学生真正参与到课堂中，还会因期间思想碰撞而对问题的思考更加全面。最后在教师的点拨指引下疑问得到解决，就会充满成就感。适当的教学活动，可以调动学生的积极性，使学生的思维得到升华。

# 参考文献

[1] 蔡伟，高源. 深度学习视域下的高中群文阅读教学策略 [J]. 语文建设，2022（21）：27-31.

[2] 陈达姗. 高中语文思维型课堂教学模式探究 [J]. 中学语文教学参考，2023（4）：12-15.

[3] 陈兴才. 从"意图"到"实现"——普通高中语文统编教材使用中思考的几个问题 [J]. 基础教育课程，2020（3）：11-16.

[4] 陈月. 架构读写结合的津梁——高中语文作业分层设计实践探索 [J]. 中学语文教学参考，2022（22）：41-43.

[5] 储丽，徐沛. 新课标背景下高中语文连锁问题设计途径 [J]. 中学语文教学参考，2023（13）：23-25.

[6] 耿红卫，高朝冉. 高中语文传统文化经典作品的教学策略 [J]. 教学与管理（中学版），2021（1）：55-57.

[7] 贡如云. 高中语文统编教材选文的语篇特征考察 [J]. 课程. 教材. 教法，2021，41（12）：69-74.

[8] 何国跻，王亚生，陈姝睿. 高中语文有效教学系统构建 [M]. 长春：吉林大学出版社，2019.

[9] 何英. 高中语文"读写结合"的应为与可为 [J]. 教学与管理（中学版），2021（11）：45-47.

[10] 胡长征. 高中语文外国文学教学中比较文学观念的引入 [J]. 试题与研究，2019（15）：137.

[11] 蒋红卫. 论高中阅读教学的优化策略 [J]. 中学语文，2022（9）：29.

[12] 李先伟. STEM 教育理念下高中语文教学模式构建 [J]. 课外语文，2021（28）：71-73.

[13] 刘莉. 文学教育融入高中语文教学探微 [J]. 教学与管理（理论版），2022（10）：

82-86.

[14] 刘正才. 高中语文读写同步教学谈［J］. 中学语文教学参考, 2017（5）: 26-28.

[15] 马志英, 王飞. 知识内嵌, 读写一体——统编高中语文教材解读与使用［J］. 语文建设, 2020（9）: 23-27.

[16] 宋学婷. 高中语文教学内容的整合运用研究［M］. 长春: 吉林人民出版社, 2019.

[17] 孙优. "双减"视域下高中语文外国文学"三境"教学法探究［J］. 教学与管理, 2023（15）: 89-93.

[18] 王爱萍. 高中语文读写个别化教学设计研究［J］. 语数外学习（高中语文教学）, 2014（5）: 35.

[19] 王从华. 分析双重任务情境生成写作教学内容［J］. 中学语文教学, 2021（4）: 38-44.

[20] 王庆雷. 浅谈高中语文创新型教学模式构建的基本方略［J］. 新课程研究, 2022（31）: 30-32.

[21] 王羲. 大单元视域下统编高中语文写作教学的实践探索［J］. 中小学教师培训, 2023（2）: 53-56.

[22] 王晓春. 浅析高中语文教学中学生核心素养的培养［J］. 学周刊, 2023, 537（9）: 145.

[23] 王雪, 高志国. 高中语文口语交际能力目标与训练模式的构建［J］. 教学与管理（中学版）, 2023（1）: 35-38.

[24] 王姚姚. 于高中语文教学中渗透隐性教育［J］. 中学语文教学参考, 2023（12）: 69-71.

[25] 文玲. 高中语文写作教学情境化设计研究［D］. 武汉: 华中师范大学, 2020: 10.

[26] 吴丽君. 高中语文跨媒介阅读教学初探［J］. 语文建设, 2021（15）: 76-78.

[27] 吴秀仲. 读写结合之筛选信息［J］. 中学语文教学参考, 2022（12）: 61-63.

[28] 严蓉. 新课程背景下高中语文"读写结合"教学策略研究［D］. 扬州: 扬州大学, 2019: 16.

[29] 杨伟. 统编高中语文必修教材新课文探析［J］. 语文建设, 2021（11）: 53-57.

[30] 袁圆. 基于统编版必修教材学习任务群的写作教学策略［J］. 中学语文教学, 2021（8）: 8-11.

[31] 张红霞. "时评读写"教学实践与思考——以"冬奥会"为例［J］. 中学语文教学, 2022（12）: 34-37.

［32］张先亮. 高中语文教学质量目标设定与标准监控研究［M］. 北京：语文出版社，2012.

［33］张振年. 任务驱动教学法在高中语文教学中的运用［J］. 中学语文教学参考，2023（3）：10-11.

［34］郑静. 浅谈高中语文教学中学生自主学习能力的培养［J］. 速读（上旬），2018（1）：231.

［35］钟翠婷. 高中语文"整本书阅读"教学研究［M］. 长春：吉林人民出版社，2019.

［36］周剑清，周游. 统编高中语文教材科学素养的内涵及实现［J］. 教学与管理（理论版），2022（4）：74-78.

［37］周秋敏. 基于三维递进的高中语文美读研究与实践［J］. 语文建设，2022（19）：77-80.

［38］祝芳华. 统编高中语文教材资源建设分析［J］. 中学语文教学参考，2022（6）：9-11.